Radwandern für Bierliebhaber

-

Franken

In cervisio felicitas

Dank an alle Brauer:innen Frankens

Ihr seid die Besten

Wieland Achenbach

Radwandern
für
Bierliebhaber
-
Franken

Mit dem Rad in der Fränkischen Schweiz, in Unterfranken, im Steigerwald, im Main- und Taubertal, den Hassbergen, um Erlangen, im Nürnberger Land, im Karpfenland an der Aisch und um Weißenburg und Dinkelsbühl

Unterwegs

In Gedenken an Antonio und Peter. Ihr fahrt immer mit uns.

Bibliografische Information der Deutschen Nationalbibliothek:
Die Deutsche Nationalbibliothek verzeichnet diese Publikation in der Deutschen Nationalbibliografie; detaillierte bibliografische Daten sind im Internet über http://dnb.dnb.de abrufbar.

© *2024 Wieland Achenbach*

Verlag: BoD · Books on Demand GmbH, In de Tarpen 42, 22848 Norderstedt
Druck: Libri Plureos GmbH, Friedensallee 273, 22763 Hamburg
ISBN: 978-3-7693-0916-4

4. Aufl. 2024
Aktualisiert, viele neue Touren und Klassiker

Allen Mitfahrern sei für ihre Freundschaft und für das eine oder andere Bild gedankt.

Der Autor gibt persönliche Eindrücke und Einschätzungen wieder, die sich von denen anderer Personen unterscheiden können. Insofern geht es zuweilen auch um geschmackliche Unterschiede, um subjektive bzw. intersubjektive, nicht um objektive Wahrheit. Eine Herabsetzung einzelner Personen oder Fahrtziele – auch durch Erhöhung anderer - ist nicht beabsichtigt. Fehler in der Darstellung (z.B. über Wege oder Inhaltliches zu den Brauereien) und Veränderungen im Zeitablauf (das Beschriebene erstreckt sich über einen Zeitraum von 12 Jahren) sind nicht komplett auszuschließen und liegen in der Verantwortung des Autors. Bitte teilen Sie mir Fehler oder aktuelle Veränderungen mit; ich korrigiere dies - so es eine neue Aufl. geben wird – gerne.

Der Text ist überwiegend im generischen Maskulin geschrieben. Damit sind jedoch alle Geschlechter gemeint. Oft wird die Formulierung „muf" verwendet, man und frau.

Inhaltsverzeichnis

A. Radfahren in Franken rund um Bamberg, Bayreuth, Würzburg, Lichtenfels, Weißenburg und Nürnberg

B. Persönliches über Geschmack

C. Goldene Regeln

D. Die Radwandertouren
   I. Tagestouren
   II. Mehrtagestouren
   III. Wandertouren

E. Zum Schluß

F. 152 Brauereien to ride before you (they) die….
   I. Adressen der Brauereigasthöfe
   II. Adressen der Gasthöfe, Biergärten und Keller
   III. Verwendete und zur Lektüre empfohlene Literatur
   IV. Karten
   V. Einige Links

A.   Radfahren in Franken rund um Bamberg, Würzburg und Nürnberg

Franken ist eine einmalige Kulturlandschaft. Kurz vor Bamberg etwa werden Sie – noch auf der A73 mit dem Auto auf der Anreise - mit den Schildern begrüßt: „Bamberg Weltkulturerbe" und „Oberfranken-Land der Brauereien". Und tatsächlich einmalig, nirgendwo auf der Welt begegnet man einer solchen Biervielfalt wie in diesem Teil von Bayern. Rund 300 Brauereien gibt es in Franken, ca. 160, viele kleine, haben alleine in Oberfranken – auch Bierfranken genannt - ihre Heimat, davon alleine im Landkreis Bamberg und den unmittelbar angrenzenden Landkreisen Forchheim, Lichtenfels und Bayreuth rund 120. Erfreulicherweise ist das „Brauereisterben" der 80- und 90-er Jahre fast zum Stillstand gekommen. Mittlerweile gibt es im neuen Millenium in nennenswertem Umfang wieder Neugründungen, die Stilllegungen mangels Nachfolge fast ausgleichen. Für viele zu nennen wäre etwa Nikl-Bräu in Pretzfeld oder Binkert in Breitengüßbach. In ganz Deutschland, so auch in Franken, z.B. Albertshöfer Sternbräu, Bräuwerk in Neudrossenfeld, Braumanufaktur Lippert in Lichtenfels, gründen sich seit ca. 25 Jahren zudem vielerorts sog. CraftBeer Brauereien.

Sicher, die Stadt Bamberg ist bekannt durch den Dom und seinen Reiter, das alte Rathaus und seine mittelalterliche und barocke Altstadt. Touristen schätzen die fränkische Küche und natürlich das gute Bier; in der Stadt selbst sind 15 Brauereien beheimatet. Am bekanntesten ist vielleicht das Schlenkerla in dem das ortstypische Rauchbier – ein gewöhnungsbedürftiger Trank, wie verflüssigtes Schinkenbrot - ausgeschenkt wird. Schon weniger bekannt, jedoch nicht minder geschmacklich individuell und spektakulär sind für den industriebiergewohnten Neuankömmling z.B. die Biere vom Mahr, Greifenklau, Ambräusianum, Keesmann, dem Klosterbräu, dem Fässla oder der Brauerei Spezial. Das alleine ist für Nichtfranken, die gerne ein Bier trinken, jede Reise wert.

Kathi Bräu

Nur Einheimische kennen jedoch das Umland der Städte. Wirklich touristisch erschlossen ist nur die angrenzende Fränkische Schweiz, ein Paradies für Wanderer, Motorradfahrer und Kletterer im Dreieck der Städte Erlangen, Bayreuth und eben

Bamberg. Die „Fränkische" ist ein Naherholungsgebiet der Nürnberger. Viele Auswärtige besuchen den Wallfahrtsort Vierzehnheiligen oder die Wagnerstadt Bayreuth. Kloster Banz ist einmal im Jahr in den Nachrichten mit der CSU-Tagung. Radfahrer von außerhalb Frankens kennen den Main-Radweg, der strikt von den Quellen über Würzburg und Aschaffenburg bis nach Mainz führt. Die näheren oder weiteren Landschaften um den Weg herum, z.B. der Itzgrund oder der Aischgrund sind dagegen sowohl wunderschön als auch weitgehend unbeachtet, nahezu ignoriert. Gleiches gilt für weite Teile von Mittelfranken, wenn es nicht unmittelbar die große Stadt Nürnberg selbst ist. Schon die weitere Umgebung von Ansbach ist gefühlt tiefe Provinz auch wenn Dinkelsbühl und Rothenburg ob der Tauber weltbekannt und wegen des Mittelaltertouchs stark visitiert sind. Das fand ich schon immer schade, eine schiere Sünde. Dieses Buch und die darin versammelten Touren möchte diese Lücke schließen. Sie finden und lesen deshalb hier die Kombination von Radfahren und Biergenuß, einen Radwanderführer für Bierliebhaber für Franken, auch wenn nicht alle Gegenden – und ohne böse Absicht - gleichermaßen besucht wurden.

Sehr sportlich orientierte Radler und Mountainbiker, Autofahrer und rein kulturbeflissene Städtereisende werden ggf. in ihrer Erwartung enttäuscht sein. Es wird auf zahlreiche und gute Reise- und Radführer zu diesen Themen verwiesen. Alle aber, die diese einmalige Verbindung - Radwandern und Besuche der Kleinbrauereien - rund um den „Nabel" Bamberg näher kennenlernen wollen, sind hier richtig und herzlich eingeladen. Für sie wurde dieses Buch geschrieben. Und natürlich sei an dieser Stelle betont, dass ich an Ihren Reisen und Erfahrungen interessiert bin. Bitte berichten Sie mir, wenn sie auf Ihren Wegen rund um Bamberg, Bayreuth, Nürnberg und Ansbach oder in der nahen Fremde der Oberpfalz, Schwabens, Nieder- oder Oberbayern unterwegs sind – von Ihren Touren mit dem Rad und Ihren „Einkehrschwüngen" in den Hausbrauereien Frankens und Bayerns: wieland.achenbach@yahoo.com

B. Persönliches über Geschmack

In Deutschland gibt es ca. 1500 Brauereien (die Zahl ist in den letzten 20 Jahren wegen zahlreicher Craft-Beer Gründungen wieder gewachsen), knapp die Hälfte davon ist in Bayern; alleine in Franken, d.h. Ober-, Mittel- und Unterfranken wiederum die Hälfte. Klar, jede und jeder von uns hat ihr oder sein Lieblingsbier. Und über Geschmack läßt sich bekanntlich nicht streiten. Jedes Bier hat seinen eigenen Geschmack und seine eigene Note. Wenn ich also über Biere berichte, die mir oder meinen Mitfahrern/-innen besonders gut schmecken, so ist dies meine/unsere Einschätzung, die sich von denen anderer unterscheiden kann.

Eines ist jedoch gewiß: Die Brauereien und ihre Biere, die hier versammelt werden, sind alle individuell.

Das alleine ist schon spannend, macht die vorgestellten Touren abwechslungsreich. Es gibt die bernsteinfarbenen, traditionellen Vollbiere der fränkischen Schweiz, die Rotbiere mit der Heimat Nürnberg, die „Sandstein"-Keller und Lagerbiere des Steigerwaldes und des Maintals, gute Weizenbiere und Spezialitäten wie das Rauchbier im engen Umkreis von Bamberg. Untypisch – wenngleich nicht selten in jüngerer Zeit- ist für Franken und Bayern generell „Pils",

Unter der Kastanie im Biergarten...was ist schöner?

obwohl dies in Brauereien fester Programmpunkt ist. Das Kellerbier startet (nach der vorherigen Verbreitung des Weizens in den 90er-Jahren bis in den hohen Norden) jüngst einen Siegeszug durch Deutschland und wird mittlerweile von vielen Industriebierherstellern versucht zu kopieren. Ebenso nehmen ökologisch erzeugte Biere einen Aufschwung und erringen Marktanteile. Als Beispiel für Franken sei etwa der Pfister in Weigelshofen genannt. Wie in fast ganz Deutschland, so auch in Franken gibt es zudem seit 2, 3 Jahren einen Hype um „Helles", sozusagen die Wiederentdeckung des einfachen und guten bayerischen Schankbiers als Alternative zum ewigen Pils. Dies in einem Umfeld sinkenden Bierkonsums in Gänze, mag am Wetter liegen, an geänderten Präferenzen oder auch - und darüber wird noch was zu schreiben sein – an geänderten Öffnungszeiten und/oder geschlossenen Gasthäusern.

Für wohlschmeckendes, qualitativ sehr hochwertiges und individuelles Bier stehen die Brauer Frankens, die über Jahrzehnte, oft Jahrhunderte hinweg sich ohnehin den Traditionen guten Handwerks verschrieben haben und ihren Beruf mit Hingabe und Herzblut ausüben. Die Brauer selbst stellen dies nicht in den Vordergrund. Für sie ist dies selbstverständliche gute Handwerkskunst: „Das Beste ist immer einfach". Schon immer haben sie in ihrem Ort ihr Bier gebraut. Viele nur dort, einige sogar ohne jegliche Verbreitung über ihr Dorf - oder wie die Einheimischen sagen, den Kirchturm hinaus, da nicht alle ihr Bier in Flaschen füllen, sondern einige selbst heute noch vornehmlich nur für die eigene Gaststätte fassen (kleine Fässer sind erhältlich) und ausschenken, so wie z.B. der Will in Schederndorf.

Insofern nehmen Sie meine Ausführungen zum Geschmack als eine persönliche Einschätzung hin - bitte pro-Bieren Sie es selbst.

C. Goldene Regeln

Um die Radtouren voll genießen zu können, möchte ich aus meiner langjährigen Erfahrung ungefragt einige Hinweise geben.

Bierathlon

Die Sportart heißt Bierathlon, das bedeutet „drink and drive". Die Verbindung von Radfahren und Biertrinken ist im Grunde heikel. Selbstdisziplinarische Beschränkung ist erforderlich. Die Verkehrsregeln der Straße gelten mit Blick auf den Alkoholkonsum uneingeschränkt auch für Radfahrer und das ist gut so, möchte man doch weder sich noch andere gefährden. Und ob die - gleichwohl aus dem Zusammenhang gerissene - Regel des ehemaligen Ministerpräsidenten Bayerns, Günter Beckstein, man könne nach zwei Maß Bier noch Auto fahren, gilt...wie wir ahnen: wohl eher nicht. Angetütert Rad zu fahren, ist zudem körperlich anstrengend. Wenn man dann noch etliche Kilometer bis zum Ziel des Tages vor sich hat, kann die Reise lang werden. Meine - gleichwohl individuellen - Erkenntnisse sind folgende: Über den ganzen Tag verteilt, d.h. wenn man morgens gegen 9.00 eine Tour startet und ca. gegen 18.00 beendet, kann ein/e durchschnittlich gebaute/r und trainierte/r Radfahrer/in schon bis zu drei-vier Seidla (das typische fränkische 0,5 Liter-Glas oder Krug) konsumieren. Gut ist es, wenn man dazu begleitend annähernd mindestens die gleiche Menge nichtgeistige Getränke, wie Wasser oder Apfelschorle, trinkt. Bei Radfahrern beliebt ist Radler, drückt schon der Name aus.

Die Touren, die Sie hier versammelt finden, haben deshalb in der Regel drei oder vier Halte. Die übliche Glaseinheit in Franken ist das Seidla, d.h. 0,5l. Wer gerne was probieren, aber nicht immer gleich ein ganzes Seidla konsumieren möchte oder kann, denen sei angeraten, nach einem kleinen Bier zu fragen: 0,25l. Das wurde noch im letzten Jahrhundert gerne als „Frauenbier" beschimpft, setzt sich aber immer mehr auch in Franken als normal und akzeptiert durch. Wenn es das mal nicht gibt, z.B. auf den klassischen Kellern, so ist oft ein sogenannter „Schnitt" zu haben – manchmal jedoch erst als zweite bzw. letzte Bestellung. Ein Schnitt ist ein schnell eingefülltes Seidla mit großer Schaumentwicklung, nach kurzer Zeit, wenn der Schaum einschrumpft, ist es auf ca. 0,3-0,35l reduziert. Also: ganz probat und empfehlenswert, wenn man und frau (ab jetzt „muf") gerne probieren möchte, aber nicht zu viel trinken möchte. Seltener gibt's Leichtbiere, noch seltener Alkoholfreie von den jeweiligen Kleinbrauereien. Das ist dann regelmäßig von Großbrauereien als zusätzliches Angebot dazugekauft.

Wegen der Glasgrößen: Warten wir noch ein paar Jahre...obwohl ich die einheimischen Puristen schon höre... Vor noch 25 Jahren gab es auf einigen Kellern (z.b. beim Friedel auf dem Kreuzberg über Hallerndorf) nur Maßkrüge, d.h. den1l-Literkrug. Den haben sich oft einfach zwei Leute- gerne Paare - geteilt. Das gibt es manchmal noch, ist aber heutzutage ein-

Gutes tun - Biertrinken ist wichtig

deutig ganz selten geworden...das mit dem Literkrug, nicht mit den Paaren... Der Wechsel auf die Standtad 0,5l-Gläser und Krüge– das Seidla - war vor ca. 25 Jahren auf diesen Kellern eine kleine Kulturrevolution, vielleicht ist in weiteren 10 Jahren die dann kleinere Einheit 0,25l/0,3l neuer Standard, und womöglich der Entwicklung geschuldet, dass der Bierkonsum ohnehin rückläufig ist.

So siehts aus...besser is...

Essen

Das Essen in den Hausbrauereien ist auch um das Jahr 2024 immer noch nahezu puristisch fränkisch und das ist, weil passend zu Land, Leuten und Bier, sehr stimmig. Auf den Kellern ist das Essensangebot mit Brotzeiten klassisch, seltener gibt's Kuchen. Highlights hier sind Ziebeleskäs oder auch der Zwetschgenbames (eine Art Bündner Fleisch, nur besser), gute Wurst, Schinken, Käse und Preßsack. In den Gasthöfen werden – zumeist nur am Wochenende - Bräten, Schnitzel in vielen Varianten,

Schäuferla, Knöchla, Schweine- und Sauerbraten, oft auch Rouladen serviert. Nahezu überall sind fränkische Bratwürste mit Brot und/oder Sauerkraut zu haben. Als weitere Beilagen werden traditionell gerne Klöße oder Bratkartoffeln, vielerorts Pommes Frites aufgetischt.

10

Einige Brauereigast-höfe bieten Fisch, in der fränkischen Schweiz zumeist Forelle, manchmal Zander und natürlich westlich der Regnitz Karpfen in allen Spielarten. Salat zum Essen ist seit den 90erJahren ein Stan-dard; er ist viel grün und frisch, mitunter-leider immer noch mit Gemüse aus der Dose wie Möhre,

Hhmmm, Schäuferle – ideale Ergänzung zum Bier

Sellerie oder Bohnen (die quietschen, probieren Sie es aus) kombiniert. Zum Nachtisch wird gerne Eis gereicht, seltener Kuchen in größerer Auswahl.

Braustätten, Gaststätten und Öffnungszeiten - Irgendwie anders...die fränkische Bierwelt nach Corona und Inflation

Die 3. Aufl. dieses Buches von 2020 berichtete über Veränderungen bei Öffnungszei-ten und über einige geschlossene Brauereigasthöfe. Die Gründe waren seit Jahrzehn-ten die gleichen: bedauerliche Aufgaben wegen insbesondere fehlender Nachfolge der Älteren; weniger Bierkonsum, andere Essgewohnheiten und Rückzug ins Private auf Kundenseite. Dann kam die Seuche Corona und die damit verbundenen Härten,

Werneck

Unterfranken

Wernecker Bierbrauerei (Wurm) - 1617 bis 2020

Schönbornstr. 2-4
97440 Werneck

Wegen des zu erwartenden Umsatzrückganges durch die Corona-Pandemie und den damit verbundenen behördlichen Auflagen und Einschränkungen, hat sich die Familie Lang entschlossen, am 30. September 2020 den Braubetrieb aus wirtschaftlichen Gründen einzustellen.

Das Virus hat dem *Lindwurm* den Garaus gemacht.

https://fraenkischebrauereien.de/aufgelassene-brauereien-m---z/w1/werneck/werneck.html

phasenweise keine Gastronomie, deshalb keine Einnahmen, viele Auflagen, um den Betrieb über-haupt fortführen zu können; Ser-vicekräfte mussten weggeschickt werden. In 2022 – es begann sich gerade wieder zu normalisieren - kam auch noch der Inflationsschub durch den Krieg in der Ukraine... und seitdem ist einiges dramatisch anders:

Nicht nur sind die Preise für Essen und Trinken signifikant gestiegen – ein Schäufele bewegt sich mancherorts Richtung 20,-€-; weitere, deutlich mehr Gasthöfe wurden geschlossen; und wenn nicht geschlossen, so sind einige ohne Gastronomie, d.h. ohne Essen. Das Auffälligste ist: die Öffnungszeiten der Bestehenden Gasthofbrauereien sind teilweise stark eingeschränkt worden; viele suchen händeringend Personal.

Schließungen

Geschlossen wurden z.B. Heller, Herzogenaurach oder auch wegen Corona Wernecker Bierbrauerei Wurm und Brauerei Windsheimer, Gutenstetten. Einen vollständigeren Einblick vermittelt: https://fraenkischebrauereien.de und da die Rubrik Aufgelassene Brauereien. Es sind oft jedoch weniger die Brauereien selbst als vielmehr deren Gasthöfe, die schließen. So ist z.B. die Gastwirtschaft von Penning-Zeißler in Hetzelsdorf seit 4 Jahren „vorübergehend geschlossen", andere dauerhaft wie neu der Alt in Dietzhof. Oder der überaus bei Wanderern und Radfahrern gleichermaßen beliebte Gasthof Zöllner in Kleinziegenfeld hat keinen Restaurantbetrieb mehr, ist nur noch Frühstückspension; ähnlich Brauerei Reichold in Hochstahl.

Öffnungszeiten

Auffälliger und für Gefühl und Planungssicherheit der Radtouren wichtiger sind jedoch die veränderten Öffnungszeiten. Kaum ein Gasthof hat noch die gleichen Ruhetage wie vor Corona. Und es ist nicht so, dass es weniger wären, um Entgangenes aus den letzten Jahren aufzuholen. Im Gegenteil: Statt einem oder zwei Ruhetagen in der Woche hat nun eine bemerkenswerte Anzahl der Gasthofbrauereien drei oder gar vier Ruhetage. Dies gilt beispielsweise für den Brauereigasthof Hennemann in Sambach, der jetzt nur noch am Wochenende von Freitag bis Sonntag die Türen öffnet. Nicht wenige öffnen anders als zuvor erst am nachmittag, 15.00, 16.00 oder 17.00. Einen sehr guten und vollständigen Überblick auf dem neuesten Stand über neue und alte Brauereien in Franken, deren Gasthöfe und Öffnungszeiten vermittelt das 2024 aktualisierte Buch „Bierland Franken" von Böttner/Raupach.

Und um es fortzuführen, ist am dramatischsten ein neuer Ruhetag, und völlig unüblich für Franken: Immer mehr Gasthöfe, nicht so sehr in Städten aber außerhalb, haben jetzt am Sonntag Ruhetag. Als Grund werden häufiger die gestiegenen Kosten für Wochenendarbeit oder Personalmangel für Sonntagsarbeit genannt. Das geht an die Kultur des Sonntagmittagstisches im Gasthaus. Auch für uns Radfahrer, die ja gerade am Wochenende fahren, bedeutet dies eine Umstellung…und sagen wir wie es ist: Seelischer Schmerz und der Wegfall liebgewonnener Wohlfühloasen wie z.B. der Roppelt in Stiebarlimbach, der Mühlenbräu Merklein in Mühlendorf oder auch der Knoblach in Schammelsdorf (In `24 wieder So.-->15.00 geöffn.?). Die Familie kann es nicht mehr, ein Koch und/oder Personal nicht zu finden, Weggegangene kommen nicht wieder (Als ein Beispiel: www.infranken.de/lk/bamberg/gastronomie/litzendorf-brauerei-gaststaette-knoblach-bleibt-sonntags-zu-fuehrt-leider-kein-weg-vorbei-art-5870883).

Selbstbedienung —Auf dem Keller und im Biergarten (jetzt) fast überall

Aber genug gejammert, freuen wir uns über das, was bleibt und neu dazu gekommen, was gut und einzigartig ist, die fränkische Brau- und Gasthauskultur. Das Bier schmeckt wie immer ausgezeichnet und individuell, Nichtfranken in der Industriebierhölle heulen vor Neid. Das Essen ist gleichbleibend gut. In den allermeisten Oasen ändert sich inhaltlich nix, und darauf kommt es an. Ohne Nichterwähnte zu schmälern: Besuchen Sie für einen Ziebeleskäs den Will in Schederndorf, für ein Böfflamott den Martinsbräu in Marktheidenfeld, Zwetschgenbaames in Huppendorf ist großartig, das Pfefferhähnchen in Köttensdorf beim Hoh oder beim Knoblach in Schammelsdorf bleiben unerreicht, Sonntagstisch beim Dremel in Wattendorf oder der Taubenmarkt im Winter beim Hübner in Steinfeld sind Konstanten, das Klosterbier auf dem Kreuzberg in der Rhön äußerst süffig, der Roppelt-Keller in Trossenfurt ist nach wie vor einer der schönsten, Karpfen gibt's beim Geyer in Oberreichenbach in vielen Spielarten. Kombinieren Sie es mit einem Ausflug und einem Bier. Das Beste ist immer einfach.

Kein Biergarten- und Gasthofbetrieb mehr: Meister in Unterzaunsbach

Wie auf der Seite zuvor beispielhaft berichtet wurde, haben – einige – der gern besuchten Klein-Brauereien für ihre Gasthöfe entgegen den Angaben in älteren Braureiführern die Öffnungszeiten verändert. Bitte schauen Sie insbesondere bei den längeren Touren mit ggf. Übernachtung, dort an: z.B. Gräfenberg, Lindenbräu; Huppendorf, Grasser; Nürnberg, Schanzenbräu, Steinfeld, Hübner; Unterzaunsbach, Meister; Ebing, Hübner; Wiesen, Hellmuth und Thomann, Oberreichenbach, Geyer, Hohenschwärz, Hofmann...und viele mehr.

Einige mehr der Brauereien haben zwar leider zwischenzeitlich (nach 2012) ihren Braubetrieb (und zum Teil ihre Gasthöfe) eingestellt, einige betreiben aber nach wie vor – zumindest teilweise- ihre Gasthöfe und bieten als Zapfenwirte andere regionale Biere an; oder lassen ihr Bier im Lohnbrauverfahren herstellen. Sie finden dazu Hinweise (bestimmt nicht vollständig...) in den Texten zu den Touren oder im Kap.F. Es sind dies aus jüngerer Zeit z.B.Herrnsdorf, Barnikel; Elsendorf, Lindner; Brauerei Weber in Röbersdorf, Hertlein in Staffelbach; Fößel/Mazour, Appendorf, Windsheimer Gutenstetten/Radlertreff.   Im   Überblick   vgl.   für   Franken https://www.braufranken.de/html/brauschluss.html#ofr

Bitte schauen Sie aber insofern bei Ihrer Tourplanung noch aufmerksamer auf die Öffnungszeiten als zuvor schon. Ohne Anspruch auf vollständige Richtigkeit – es ändert sich gerade viel, rufen Sie immer vorher an – finden Sie die aktualisierten Zeiten und websites am Ende des Buches. Was sich seit der 1. Aufl. des „Radwandern für Bierliebhaber" zur hier präsentierten 4. Aufl. alles noch verändert hat, hier punktuell und im Adressverzeichnis am Ende des Buches wiederum ohne jeglichen Anspruch auf Vollständigkeit in einem versuchten groben Überblick. Es liegt in der Natur der Sache, dass es sich weiter ändert:

Erfreulicherweiser gibt es doch einige Neugründungen (seit ca. 2005), manche aus der Craftbeer-Bewegung: z.B. Albertshofen, Sternbräu; Bamberg Ahörnla Bräu, Brauhaus zum Sternla, Brauerei & Erlebnisgärtnerei Hopfengarten; Breitengüßbach, Binkert; Cadolzburg, Brauerei Reifkraft; Brauhaus zu Coburg; Erlangen, Hofbräu Oberle; Hausen (bei Schonungen), Brauerei Ulrich Martin; Homburg am Main, Bräuscheuere; Kasendorf, Magnus Bräu; Lichtenfels, Braumanufaktur Lippert (neu. mit Gasthof); Melkendorf, Brandholzbrauerei; Mespelbrunn, Hohe Wart Haus; Neudrossenfeld, Drossenfelder Bräuwerk; Nürnberg, Schanzenbräu; Pretzfeld, Nikl-Bräu; Rothenburg o.d.T., Turmbräu; Schlüsselfeld, Hertl; Thuisbrunn, Elchbräu, Uetzing, Hausbrauerei Reichert, „Metzgerbräu" (ohne Gasthof); Bamberg, Brauhaus zum Sternla, Weißenburg, Brauerei Pröls; und einige mehr. Viele weitere Neugründungen, die hier nicht Erwähnung finden, haben allerdings kaum Öffnungszeiten, nur auf Anfrage manchmal. Und ziemlich regelmäßig ohne Gastronomie, z.B. Pappenheim, Zimmern, Hechtbräu; Glattbach, Brauhaus Bergmann, oder auch die Kommunbrauhäuser, etwa in Junkersdorf.

Übernachtungen- Standard und de luxe
Die mehrtägigen Radtouren sehen gerne Übernachtungen an den Zielorten von Etappen vor. Es sind dies in der Regel Brauereigasthöfe, die eben neben Essen und Trinken auch Übernachtungen anbieten. Als Radwanderer bin ich für jede Übernachtungsmöglichkeit dankbar, dies sei betont. Das Spektrum reicht von einfachen, soliden Schlafstätten bis zu sehr gutem Pensionsstandard. Es gibt Unterschiede, hier seien deshalb für die Leser zwei Kategorien eingeführt: Standard und de luxe. Die Preise sind in den letzten 5 Jahren signifikant gestiegen, weiterhin aber fair und akzeptabel, eben dem

Niveau entsprechend, und reichen von ca. 35,- bis zu 75,-€. Im Durchschnitt – Referenzjahr ist 2024 - wird für das Bett mit Frühstück so um 52,- € verlangt. Dabei ist es typischerweise wie in ganz Deutschland so, dass weniger der Übernachtungspreis angestiegen ist, sondern vielmehr das Frühstück nun vielerorts deutlich teurer ist. Manchmal werden Doppelzimmer zur Einzelnutzung auch teurer bepreist als früher.

Suchen und Finden

Apropos Suchen und Finden, einfacher ist diese goldene Regel: Wenn die Hausbrauerei nicht wider Erwarten sonstwo im Ort ist...sie ist in der Regel, d.h. gefühlt in 4 von 5 Fällen, in der Nähe der Kirche.

Das gehörte schon immer zusammen und ist gute Tradition. Nach dem sonntäglichen Kirchgang visitierte muf gerne im Anschluß den Gasthof, häufig verbunden mit einem Mittagessen. Einige verzichten heute ggf. auf den Kirchgang, die Gebäude stehen aber konsequent am gleichen Platz. Darauf ist Verlass.

Kurze Wege

Früher – noch vor ca. 10 Jahren - war die komplette Fränkische Schweiz, das „Gebürg", zudem nahezu ein einziges Funkloch. Wer sich mal ein paar Tage vom 24/7 und der Seuche permanenter Erreichbarkeit befreien wollte, konnte hier ein vergleichsweise sicheres Versteck finden, sich vom Joch der elektronischen Sklavenhalter befreien und die Anfänge digitaler Demenz verzögern. Ganz praktisch also, manchmal. Wenn muf dann doch Kontakt zu den Lieben oder zu seinem Arbeitgeber suchte, half nur das Festnetz oder der Besuch der höchsten Erhebung – auch letzteres klappte nicht immer. Das ist mittlerweile meist anders, jedoch nicht überall. Viele suchen auch heute noch Empfang und wundern Sie sich nicht...Sie finden – insbesondere inmitten der Fränkischen Schweiz – zwar mittlerweile welchen...aber nicht immer stabilen.

Wir brauchen jetzt dringend ein Bier...

Berge ...sind relativ

„Radwandern für Bierliebhaber - Franken" beschreibt viele Touren durch die Fränkische Schweiz, den Steigerwald und die Hassberge. Die Strecken führen gerne durch mehr oder minder flache Strecken wie um Nürnberg herum, es gibt jedoch - dem Gelände entsprechend – Erhebungen, manche sagen Berge. Gerade die fränkische Schweiz zeichnet sich durch Täler aus, die von Tafelbergen umgeben sind, d.h. wenn man die Täler verlässt, gibt es mitunter kürzere aber heftige Anstiege. Lassen Sie sich Zeit, nehmen Sie es hin, das Ziel bestimmt den Weg (einige sagen: das Ziel ist im Weg).

2,20 €...das war mal...nur noch beim Heckel in Waischenfeld

Ich zeichne mich beileibe nicht durch große Kondition aus. Seien Sie versichert: die Strecken sind mit Blick auf „unnötige" Steigungen bereits „optimiert". Manchmal ist der Berg jedoch nicht zu vermeiden. Die Steigungen aus dem Main-, Pegnitz-, oder Regnitztal sind nach Anzahl und Härte überschau- und machbar. Die größten und seltenen „richtigen" Berge weisen Steigungen von max. 250-300 Höhenmetern auf, die meisten Anstiege liegen deutlich unter 100 Höhenmetern.

Seitdem ich zudem wie viele heutzutage ein Pedelec mein Eigen nenne – insofern sind die hier beschriebenen Touren auch gut für Pedelecfahrer geeignet – ist dieses vermeintliche Problem, das ich in der Vergangenheit manches Mal durch zeitweiliges Schieben besiegt habe, gelindert.

Es ist wie es ist (Wie beim Tourenskigehen): No pain no gain. Die Belohnung ist die Abfahrt oder wartet am nächsten Halt.

Es geht bergauf...und dann auch wieder runter

Karten und Brauereiführer

Als Kartenmaterial empfehle ich nach wie vor insbesondere die wasserabweisenden Radkarten von kompass. Ansonsten hat wohl so gut wie jeder Radwanderer/in mittlerweile gps und Netz, und oder Anwendungen von komoot, garmin oder andere smartphone-apps. Zur Planung der Touren am PC empfehle ich die – weil kostenfrei -openstreet-streetmap- Karten. Diesem Service sei ausdrücklich gedankt.

Und jetzt aber nach dieser langen Vorrede endlich zu den Radtouren: Los geht's.

Wir starten mit Tagestouren und Wochenend-Ausfahrten mit einer Übernachtung (I.). Danach folgen die mehrtägigen Rundtouren (II.). Mehrtägig heißt in der Regel mit drei Übernachtungen (+ zwei Wochentouren mit mehr Übernachtungen), immer in einer anderen Hausbrauerei. Am Ende habe ich aus Serviceüberlegungen und eigenen Erfahrungen – als Alternative zum Radfahren – kursorisch noch einige sehr beliebte Wandertouren (III.) kurz notiert und verlinkt...wenn der Po mal wehtut und Stehstreik droht...

Radweg bei Pottenstein

D. Die Radwandertouren für Bierliebhaber

I. Tagestouren
1. Nach Bamberg im Bierparadies
2. Von Mühlendorf nach Burgebrach
3. Ziebeleskäs in Schederndorf, Zwetschgenbames in Huppendorf
4. Nach Schammelsdorf auf ein Pfefferhähnchen
5. Dinkelsbühl – an der Wörnitz
6. Nach Wattendorf über Vierzehnheiligen
7. Einmal um Erlangen rum – nach Adlitz
8. Berg und Tal
9. Rund ums Walberla
10. Über den Geisberg
11. Ins Coburger Land
12. Aischgrund mal anderslang
13. Von Wiesen an Main und Itz nach Seßlach
14. Noch mal im Steigerwald – Von Oberreichenbach nach Uehlfeld
15. Mal eben nach Aschaffenburg
16. Von Fürnheim zum Wettelsheimer Keller und nach Obermögersheim
17. Von Wertheim nach Marktheidenfeld
18. Von Weiher in die Hassberge
19. Von Viereth ins Gebürg nach Huppendorf
20. Destination Meinels Bas – Im Frankenwald von Culmitz nach Hof
21. Viel Neues im Kulmbacher Land: Von Metzdorf nach Kasendorf

II. Wochenausfahrten mit einer Übernachtung und Mehrtagestouren
22. Rund Bamberg
23. Mit viel Wiesent
24. Von Pottenstein nach Gräfenberg
25. Von Hammelburg auf den Kreuzberg: In der Rhön
26. Die oberfränkische Highlighttour
27. An Main und Tauber
28. Die Flußtälerfahrt: An Main, Aisch, Tauber und Wern
29. In der Fremde: Ein Abstecher in die Oberpfalz und nach Oberbayern v
30. Gott mit dir, du Land der Bayern – Vom Main zur Donau v

III. Wandertouren

I. Tagestouren

1. Nach Bamberg im Bierparadies

Kompass Fahrradkarte 3082, Bamberg, Hassberge, Steigerwald

Mühlendorf- Bamberg-Viereth -Weiher -Schönbrunn- Grasmannsdorf-M`dorf (ca. 45km)

Die Stadt Bamberg ist stolz auf 15 Brauhäuser, im Landkreis drumrum gibt es zahlreiche weitere, rund 65. Eine Tour mit dem Rad kann deshalb nur mit selektiven Einkehrschwüngen sein. Bei einer Wiederholung könnten die zuvor ausgelassenen Braugasthöfe besucht werden: Paradiesische Zustände für Radwandernde Bierliebhaber:innen.

Mühlendorf-Bamberg (7 km)

In Mühlendorf im **Mühlenbräu** haben wir übernachtet EZ ab 35,-€, Doppelzimmer kostet um 65,-€ mit Frühstück, Ausstattung Standard). Das Bier der Merkleins im Mühlenbräu ist entweder ein Helles, ein Dunkles, ein Weizen oder ein Pils. Überzeugt hat uns das Helle vom Fass. Von dort geht es zunächst in Mühlendorf über die Kreuzung gerade aus hoch auf der „Fürst-Bischöfliche-Tour" FBT in den Michelsberger Wald. Nach ca. 3 km auf Flurwegen fahrend rechts ab. Es geht weiter leicht bergauf durch den Bamberger Stadtwald, der Weg wird auf der Höhe zu einem Waldweg, führt dann

Ganz schön viel Mühle...Der Mühlenbräu mit Gasthof Alte Mühle in Mühlendorf

19

abwärts in die Bischofsstadt und Weltkulturwelterbe. In Bamberg gibt's viele Gelegenheiten ein Bier zu pro-Bieren, aber heute wählen wir für einen vormittäglichen Cappuccino das Eiscafe auf der Brücke links direkt vor dem alten Rathaus. In unmittelbarer Nähe zum alten Rathaus, in der Dominikanergasse, finden Sie etwa die früh geöffnete **Brauerei Schlenkerla,** oder das **Ambräusianum;** wenig davon entfernt in die andere

Richtung, Obere Mühlbrücke 1-3, lädt das **Kloster-Bräu** zu Gaststätte, oder auch Regnitz-Biergarten zu Dunklem oder einem Zwickel ein. Danach über die Rathaus-Brücke, auf die Strasse, die die Fußgängerzone schneidet. Ca. 500 Meter dahinter über die Brücke ins „Inselgebiet", dort rechts runter auf den Radweg, den Regnitzradweg (RR).

Bamberg-Viereth (10 km),
Fahren Sie etwa vom Schlenkerla auf den Radweg Richtung Gaustadt und Bischberg (Brauerei & Gasthof Zur Sonne). Der Weg führt ein wenig durch ein Einkaufs- und Industriegebiet bis zur **Brauerei Mainlust** an der Hauptstrasse in Viereth. Ein großes, wegen der Nähe zu Bamberg gut visitiertes Ensemble mit viel Platz im Hinterhof,

Altes Rathaus in Bamberg

Übernachtung im Standard-Zimmer mit Frühstück ist möglich (ab 45,-€). Zu Essen gibt's gute fränkische Küche, zu trinken das Hausbier, ein Dunkles.

Viereth- Schönbrunn (13 km)
Von der Mainlust biegen Sie links ab und nach ca. 200m noch mal links auf die Strasse nach Weiher (Brauerei Kundmüller, vgl. Tour 18, 23). Dahinter klettern wir extrem steil auf eine Anhöhe über Trabelsdorf. Es geht abwärts, dann im Ort wiederum links auf den Radweg und zwischen zwei Weihern hindurch, links halten und nach Lisberg rechts auf die Strasse. Es geht schon wieder hoch um den Burgberg rum. Immer weiter, am Ortsausgang rechts auf den Flurweg und abwärts bis nach Grub und von da auf der Strasse nach Schönbrunn und zum Gasthaus **Wernsdörfer** (im Ort besteht auch noch der Bähr Keller, schön gelegen in der Abendsonne). Oder Sie fahren ca. 5 km weiter nach Ampferbach zum Herrmannkeller (selten geöffnet Max-Keller), liegt am Hang Richtung Burgebrach.

Bamberger Reiter

Herrmann Keller

Schönbrunn/Ampferbach-Mühlendorf (10 km)
Zurück abwärts nach Ampferbach und dann rechts über Dietendorf nach Grasmannsdorf (Brauerei Kaiser, vgl. Tour 2, 26). Im Ort links auf den Radweg Richtung Kreuzschuh. Der Weg steigt ein wenig an und kippt im Wald wieder ab. Von Kreuzschuh auf der Strasse nach Mühlendorf zur alten Mühle zurückfahren. Das sind in Summe rund 45 km für einen ganzen Tag, mehr so geeignet für einen Wochenausflug mit viel gemütlicher Einkehr und wenig Radeln...

2. Von Mühlendorf nach Burgebrach

Kompass Fahrradkarte 3082, Bamberg, Hassberge, Steigerwald

Mühlendorf-Fähre Pettstadt-Hirschaid-Sambach-Burgebrach-Grasmannsdorf-M`dorf (52 km)

Leaflet | Map data © OpenStreetMap contributors

Das ist die 2. Tour mit Startpunkt im Gasthof Alte Mühle. Sie führt über die Regnitzfähre bei Pettstadt nach Hirschaid, ins Tal der Reiche Ebrach und über den Berg ins Tal der Rauhe Ebrach nach Burgebrach zum Schwanenbräu-Keller.
Über die Brauerei Kaiser in Grasmannsdorf kehren wir zurück nach Mühlendorf.

Mühlendorf- Pettstadt/Regnitz-Fähre- Hirschaid (17 km)
Von der Alte Mühle fährt muf linksweg auf der Nebenstrasse über Hartlanden vorbei an Debring (Brauerei Müller) bis zur Regnitzfähre bei Pettstadt – Fährmann hol über –

Die einzige in Oberfranken...

und dann am Main-Donau-Kanal bis zur Brücke in Hirschaid. Dort rauf und rüber, unten links liegt die **Brauerei Kraus** mit großem Biergarten im Innenhof. Hier ließe sich auch übernachten. Zu trinken gibt's Helles, Pils und Weizen und Biergartentypische Fränkische Küche.

Kellerausschank der Brauerei Schwan Die Terrasse vom Kaiser in Grasmannsdorf

Hirschaid-Burgebrach (26 km)

Das Mittagessen in Burgebrach möchte verdient sein. Dazu zurück über die Brücke, aufwärts durch den Stadtteil Köttmannsdorf rechts nach Erlach, und dann links immer auf dem Radweg entlang der Reiche Ebrach. Radeln Sie über Röbersdorf (Brauerei-gasthof Weber), vorbei an Herrnsdorf (ehem. Brauereigasthof Barnikel) nach Sambach (Brauerei Hennemann). Von hier über Weiher durch Tal und Wald nach Tempelsreuth und ab da zunächst abwärts bis zum Wohngebiet in Burgebrach. Hier gleich links die erste Abzweigung nehmen, durch das ganze Wohngebiet durch bis zur Strasse. Rechts, nur ca. 100m entfernt liegt am Hang der **Schwana-Keller**. Ein schöner Platz mit lecke-rem Kellerbier oder Weizen sowie gutem Schäufele – zumindest am Wochenende.

Reiche oder Rauhe Ebrach? Der Brückenheilige Nikolaus Ein Helles aus Mühlendorf

Burgebrach-Grasmannsdorf (3 km)

Vom Schwana-Keller auf der Strasse nach Burgebrach Downtown rollen lassen. Im Ort links auf die Strasse Richtung Ampferbach (Herrmann Keller), und rechts auf die Ne-benstrasse nach Grasmannsdorf einbiegen. Über die Hochwasserbrücke der Rauhe

Ebrach mit den 7 Brückenheiligen erreichen Sie wenig später die **Brauerei Kaiser** (Tour 1) mit Pils als Hausbier, Kellerbier oder insbesondere dem unvergleichlichen Sommer Weizenbier. Es sitzt sich angenehm vorm Haus auf einer Terrasse an der Straße, Bier kann man drinnen holen. Zu essen gibt's Brotzeiten…für die, die noch nicht satt sind.

Feld auf dem Weg nach Kreuzschuh

Grasmannsdorf-Mühlendorf (6 km)
Vom Kaiser aus zunächst links in den Ort, dann rechts auf den Flurweg, der als Steigerwald-Hochweg (STH) firmiert. Es geht leicht und ca. 3 km bergauf. Nach einem Linksknick, dem wir folgen, im Wald, an dem drei kleinere Wege rechts abbiegen, den ersten nehmen. Der Weg ist nicht besonders gut zu fahren, mündet aber bereits nach ca. 1 km in ein Dorf namens Kreuz-schüh. Von dort der Strassenbeschilderung folgen, im Ort kurz und heftig bergauf, dann im

Wesentlichen abwärts zurück nach Mühlendorf rollen. Es ist 17.00. Die Tour dauert, je nach Länge der Pausen, die wir ausgiebigst gestalteten, rund 8 Std. In Summe sind es nur rund 52 km.

3. Nach Schammelsdorf auf ein Pfefferhähnchen
Kompass Fahrradkarte 3096 Fränkische Schweiz, Kulmbach, Bayreuth
Huppendorf-Neudorf bei Scheßlitz-Schammelsdorf-Lohndorf-Tiefenellern-Huppendorf (28 km)

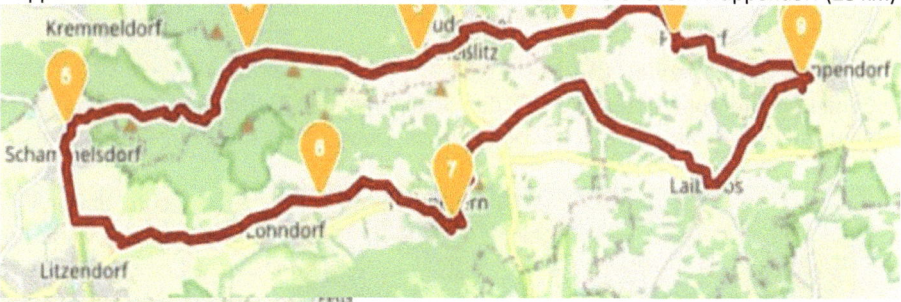

Leaflet | Map data © OpenStreetMap contributors

Das ist eine kleine Wintertour: Samstag Mittag auf ein Pfefferhähnchen in Schammels-dorf. Alternativ könnten Sie ein Pfefferhähnchen auch in Köttensdorf genießen, die **Brauerei Hoh** öffnet jedoch erst am nachmittag; mehr eine Tour für einen helleren Sommertag. Statt über Neudorf könnten Sie über Tiefenellern abfahren; über Scham-melsdorf nach Köttensdorf kommen, und gen abend über Scheßlitz und Ludwag, vor-bei an Giech und Gügel zurück nach Huppendorf aufs Plateau der Fränkischen klettern.

Im Wald am Schammelsberg

Huppendorf-Schammelsdorf (13 km)
Vom Gasthof Grasser rechts die Strasse runter, kurz danach links hoch auf eine kleine Nebenstrasse nach Poxdorf, von dort auf Flurwegen nach Neudorf bei Scheßlitz, hier an der Kappelle der heiligen Philomena vorbei Richtung Schammelsberg. Dann abwärts auf zumindest im Winter nicht so gutem Weg bis zur Strasse, dann links auf einem Radweg nach Schammelsdorf und zur **Brauerei Knoblach**. Pfefferhähnchen ist Programm, dazu ein leckeres Seidla.

Schammelsdorf-Tiefenellern (7 km)
Von Schammelsdorf abwärts Richtung Litzendorf fahren und auf dem Radweg links am Ortsrand vorbei nach Lohndorf (Brauerei Hölzlein/Brauerei Reh) und auf der linken oder rechten Seite jeweils auf einem Radweg nach Tiefenellern zur **Brauerei Hönig-Gasthof zur Post** (im Sommer mit großem Biergarten auf Terrassen) auf ein schönes, bernsteinfarbenes Posthörnla.

Brauerei Knoblach- ein Räuschla muss es sein

Tiefenellern-Huppendorf (8 km)
Genau die Stärkung braucht es für den jetzt folgenden Tiefenellerner Berg. In Serpentinen geht die Strasse ziemlich steigend hoch, oben an der Kreuzung angekommen,

kurz rechts, dann weiter hoch auf die Windräder zu. Über Laibarös erreichen Sie Huppendorf (vgl. Tour 4, 6, 19, 26 29). Geschafft – einmal zum Mittagessen komplett runter und wieder rauf - sportlich, sportlich...

Freu dich vor dem Berg auf ein stärkendes Posthörnla vom Hönig in Tiefenellern

4. Ziebeleskäs in Schederndorf, Zwetschgenbames in Huppendorf
Kompass Fahrradkarte 3096 Fränkische Schweiz, Kulmbach, Bayreuth

© OpenStreetMap contributors

Aufsess-Sachsendorf-Schederndorf-Steinfeld-Huppendorf-Aufsess (43 km)
Das ist eine kleine Reise durch einen Kernbereich der Fränkischen Schweiz mit 5 Bierhighlights auf sehr wenigen Kilometern...und 2 kulinarischen Meilensteinen, die Sie kennenlernen und schätzen werden. Das Ganze ist eine schöne Tagestour, jedoch sehr wellig.

Aufsess-Sachsendorf (5 km)
Es geht betulich und landschaftlich grandios los. Vom **Brauereigasthof Rothenbach** in Aufsess starten wir auf dem Radweg durch das Aufsesstal, hier weitestgehend gleich mit dem „Brauereienweg" und radeln über Oberaufsess und Neuhaus bis zur **Brauerei Stadter** in Sachsendorf, zweifellos Zeit für eine erste Einkehr...Zu Trinken gibt's ein kupferfarbenes, sehr schmackhaftes Vollbier auf der Terasse an der Strasse.

Sachsendorf-Schederndorf (17 km)
Die zweite Etappe ist schon länger und führt auf der Brauereien- und Bierkellertour (BBT) zunächst bergan von Neuhaus nach Drosendorf. Hier folgen Sie der Beschilderung des Nebenradweges nach Wiesentfels mit imposanter Burg, dann kurz bis Treunitz auf der hier wenig befahrenen B22. Und dann rechts relativ steil hoch (am Anfang, dann flacher) aus dem Wiesenttal auf der „Fürstbischöfliche Tour" (FT) nach Stadelhofen und weiter bis nach Schederndorf zur **Brauerei Will**. Getreu ihrem Motto, das „Beste ist immer einfach", wartet neben dem erstklassigen Lagerbier hier in Kombination als Brotzeit „Ziebeleskäs", (Vgl. im Bild, Tour 6), eine Art Hüttenkäse mit frischen Zwiebeln. Veggies sollten unbedingt probieren, für Carniforen empfehlenswert: „halb und halb", d.h. Ziebeleskäs mit rohem Schinken, ein Gedicht.

Schederndorf Steinfeld (3 km)
Vom Will zurück auf die FT und nach Grafenhäusling fahren, dann links über Roßdorf am Forst und die A70 überqueren. Ca. 3 km dahinter erreichen Sie Steinfeld, den Ort der Wiesentquelle, und rechts leicht erhöht über der Strasse den **Hübner Bräu** mit Biergarten und auch interessantem - weil selten gewordenem - Gastraum im Inneren,

Beim Grasser

eine typische und authentische fränkische Dorfkneipe, in der Fremde schon mal zuerst kritisch beäugt werden. Zu trinken gibt's ein mehr als gutes eher dunkles Bier, gerne im Krug, ein Ort zum Verweilen und Festsitzen (Tour 23).

Steinfeld-Huppendorf (7 km)
Aber der Weg führt weiter. Fahren Sie wenige hundert Meter auf der B22, biegen Sie dann rechts auf die Strasse nach Königsfeld ein und „klettern" Sie bis zur Kreuzkappelle. Kurz dahinter geht's ein wenig bergab, dann wieder hoch bis auf die Höhe über Königsfeld. Im Ort am Anfang scharf rechts, dann vorbei am Sportplatz und dann links auf einem Flurweg sanft ansteigend bis nach Huppendorf und zur **Brauerei Grasser**. Geboten wird nicht nur – Übernachtungen möglich – ein schmackhaftes kupferfarbenes Vollbier, typisch für die Fränkische Schweiz, sondern auch in unseren Augen das 2. kulinarische Highlight der Tour: Zwetschgenbames. Wer noch immer oder schon wieder Appetit verspürt, dem sei dieses – früher- über Zwetschgenholz geräucherte „Bündner Fleisch" dringendst angeraten. Wir sagen, ohne das probiert zu haben, bleibt muf ein unvollständiger Frankenfahrer/in. Und wem das nicht reicht, der wird von der Herzlichkeit der Grassers überzeugt. Immer wieder gut und zu allen Jahreszeiten ist diese Reise auf den Berg nach Huppendorf lohnenswert.

An der Aufsess   Red Light District in Steinfeld   Felsformation bei Drosendorf

Huppendorf-Aufsess (11 km)
Vom Grasser links hoch, nochmal links auf die Strasse nach Hohenpölz, von dort auf dem Radweg nach Brunn, durch den Wald bis auf die Strasse und dann links abfahren zurück bis nach Aufsess und zum Brauereigasthof Rothenbach. Hier wird übernachtet in Standardzimmern, EZ mit Frühstück für zuletzt ab 58,-€. Der geschäftige Gasthof ist Mitglied des Verbandes „Private Brauereigasthöfe" und bietet zum Essen eine gute fränkische Karte und zum Trinken Dunkles, Pils, Weizen und ein empfehenswertes Zwickel. Erschöpft begeben wir uns zur Ruhe, träumen von der Tour, von Ziebeleskäs und Zwetschgenbames, alles prima, so soll es sein. ZZtiptop.

5. Dinkelsbühl – an der Wörnitz

Tourismus Verband Romantisches Franken - Radwanderkarte

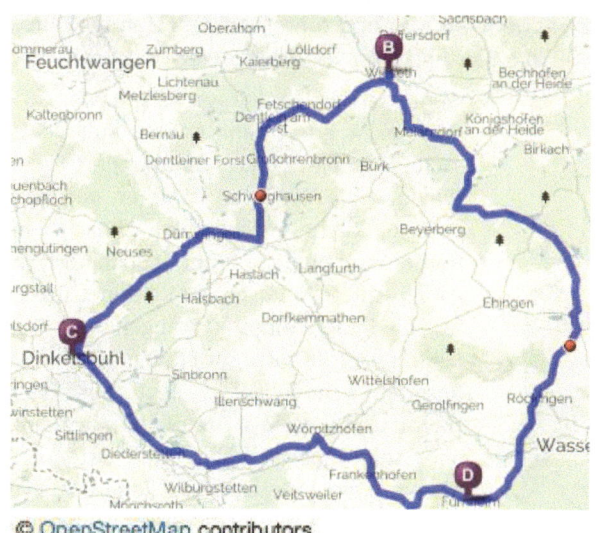

© OpenStreetMap contributors

Dinkelsbühl-Fürnheim-
Wieseth-Dinkelsbühl-
Fürnheim (70 km)

Dies ist ein Tagesausflug per Rad ins romantische Dinkelsbühl, nahezu vollständig erhaltenes spätmittelalterliches Fachwerk, mit rundlaufender Stadtmauer und Türmen, ähnlich wie Rothenburg, nur fast ohne chinesische und japanische Touristen...schade ist der Autoverkehr. Viele alte Innenstädte könnten an Attraktivität gewinnen, wenn sie noch etwas verkehrsberuhigter wären.

Fürnheim-Wieseth (30 km)

Von der **Forstquell Brauerei** in Fürnheim am morgen gegen 9.00 gestartet führt der Weg zunächst ins Wörnitztal auf den Wörnitzradweg (WW) und nach Wassertrüdingen. Von dort strampeln Sie flugs auf der Karpfenlandroute (KL) über Unterschwaningen (neu: Schwanen Bräu), Dennenlohe und Meierndorf durch am Ende eher welliges mit Karpfenteichen beglücktes Gelände bis nach Wieseth zur **Brauerei Fischer** (keine Gastro- nur Getränkemarkt). Die sollten Sie – unter der Woche –vormittags besuchen, da sie nach ca. 12.00-13.00 schließt. Das Bier, Spezial, ist ein Helles und gut trinkbar.

Skyline von Dinkelsbühl

Wieseth-Dinkelsbühl (20 km)

Vom Fischer fahren Sie am Besten nach Dentlein am Forst, dann auf der Straße nach Schwaighausen und sodann auf dem Dinkelsbühler Weg (DW) von Norden her auf Dinkelsbühl (auch Brauerei Hauf). Es geht 2 x rauf und runter, am längsten bei Dürrwangen. Es gibt viel zu schauen, wer alte Bausubstanz mag, kriegt einen Overflow und

Leckerer Hexentrunk im Weibsbräu

wenn der lästige Autoverkehr in der Innenstadt nicht wäre, dann könnte muf sich tatsächlich in ein anderes Jahrhundert versetzt fühlen. Viele Touristen flanieren um die imposante Kirche, es ist schon ähnlich wie in Rothenburg ob der Tauber, jedoch noch nicht ganz nicht so unangenehm gehetzt überlaufen mit Smartphones an Stangen und Me, my Selfie and I Kultur... Im Stadtzentrum in der unteren Schmiedgasse liegt abseits der Hauptstraße **Weib`s Brauhaus** mit kleinem, aber sehr schönem Biergarten unter Kastanien und einem Hellen. Hier ließe sich auch – wenn die Tour etwa alternativ in Dinkelsbühl startete - übernachten (mit Frühstück im EZ für 55,-€), aber der Weg nach Fürnheim ist nicht so weit auf dieser Tagestour.

Dinkelsbühl-Fürnheim (20 km)

Dazu suchen Sie in Dinkelsbühl südwärts den WW und radeln durch das Wörnitztal über Wilburgstetten bis nach Weiltingen. Im Ort rechts abbiegen auf einen Nebenradweg nach Frankenhofen. Hier steigt es an. Über Irsingen erreichen Sie durch ein Waldstück dann Fürnheim und den Stammsitz der Riesengroßbrauerei Oettinger, die Forstquell Brauerei; sehr schmackhaft zum Ausklang der Tour hier das kupferfarbene Forstquell Gold. Alles in Allem eine sehr angenehme, gut zu fahrende Tagestour über 70 km mit Dinkelsbühl als mittäglichem Highlight.

Hexen und wilde Männer – genau das Richtige.

Stadttor mit Emblem des Gasthofes Wilder Mann (Hauf Bräu)

6. Nach Wattendorf über Vierzehnheiligen

Kompass Fahrradkarte 3096 Fränkische Schweiz, Kulmbach, Bayreuth

Leaflet | Map data © OpenStreetMap contributors

Wenige Kilometer, nicht mal 50, dafür sehr, sehr viel Kletterei: Auf den ersten 10 km rund 300hm über Vierzehnheiligen (1) nach Rothmannsthal, zum Will nach Schederndorf (3) und dann nach Wattendorf (4). Über Kümmers-reuth und Stublang (7) geht es rasant wieder abwärts bis nach Staffelstaa und zurück zum Gast-hof Müller in Reundorf. (49km)

Reundorf-Schederndorf (22km) Vom Gasthof Müller radelt muf zur Einstimmung nach Grundfels und ab da ist Schluß mit lustig. Die Strasse steigt steil an nach Vier-zehnheiligen (Brauerei Trunk), und wer gedacht hat, hier sei es geschafft, wird auf der Strasse Richtung Oberlangheim schnell

eines Besseren belehrt. Sehr steil geht es durch den Wald hoch, danach rollt es bis zur Kreuzung und Sie fahren geradeaus auf Lahm – wieder den Berg hoch - und von dort in Wellen nach Rothmannsthal auf den Thermentour-Radweg. Über Mährenhüll kommen Sie nach Schederndorf zur **Brauerei Will**. Hier wartet schon auf den durstigen und was

den Anstieg betrifft desillusionierten Radler ein Dunkle-res, das Landbier, und wer will und kann kann als zwei-tes Frühstück zum Ziebeleskäs greifen (Vgl. Tour 4). Beides mundet besonders gut im schönen Biergarten.

Ziemlich unschlagbare Kombination...Landbier und Ziebeleskäs

Schederndorf-Wattendorf (7 km)

Vom Will an der kleinen Kappelle vorbei rechts halten und die Strasse nach Gräfen-häusling nehmen (Sie könnten alternativ; wenn es nicht auf der Strasse sein soll, auch zurück durch den Wald fahren). Wellig fährt es sich bis Wattendorf, an der Kreuzung kurz rechts (auch Brauerei Hübner) und schon stehen Sie links vor dem **Brauereigast-hof Dremel**, (nur am Wochenende geöffnet) Bänke außen im Innenhof, Tische in mehrren Räumen innen. Der Mittagstisch des Dorfgasthofes ist am Wochenende gut besucht und zurecht beliebt, nicht nur bei den Einheimischen. Aufgewartet wird mit klassischen fränkischen Gerichten, empfehlenswert finde ich neben einem Schäufele mit wunderbar krosser Kruste - an einem anderen Tag- auch die Zunge...wer`s mag. Das Dunkle vom Dremel schmeckt besonders gut zum Essen; ansonsten gibt's Helles. Alles sehr lecker und stimmig. Passd.

Beim Dremel: Schäufele einfach zu lecker...Fotograf zu langsam

Wattendorf-Stublang (10 km)

Vom Dremel rechts abwärts steil die Strasse runter, unten rechts abbiegen auf die Strasse nach Staffelstaa. Es geht mal wieder hoch in zwei Serpentinen. Oben vor Kümmersreuth links hinter einem Parkplatz auf einen Nebenradweg abbiegen. Der bringt uns zum Krögelhof und ab da wieder abwärts auf der Strasse bis nach Frauendorf. Und es rollt links entlang der Strasse weiter bis nach Stublang zur **Brauerei Dinkel** mit feinem Hellem (alternativ zur **Brauerei Hennemann** 200 m weiter; oder noch weiter nach Loffeld zum **Staffelbergbräu** auf eine Dunkles.

Stublang-Reundorf (10 km)

Vom Gasthof Dinkel suchen Sie den Weg durch den Ort auf den Radweg entlang der Dör-nitz. Über Loffeld und Horsdorf erreichen Sie Staffelstaa. Fahren Sie durch die Altstadt zum Bahnhof, dann rechts um die Kurve und rechts auf einem Radweg auswärts über Schön-brunn kommen Sie zurück nach Reundorf (Vgl. Tour 11)

In Reundorf/Gasthof Müller – Blick auf Kloster Banz

7. Einmal um Erlangen rum – nach Adlitz

Kompass, Fahrradkarte 3100, Nürnberg und Umgebung

Leaflet | Map data © OpenStreetMap contributors

A weng längere Radtour einmal rund um Erlangen herum, zunächst nach Kalchreuth, von da hoch nach Marloffstein, zum wunderbaren Adlitzer Biergarten und zurück über das Gasthaus Gumbrecht in Obermembach zum Geyer nach Oberreichenbach. (72 km)

Oberreichenbach-Kalchreuth (32 km)

Von Oberreichenbach zunächst auf den Radweg nach Unterreichenbach, von da über Falkendorf durch Herzogenaurach und entlang der Aurach bis nach Frauenaurach.

Über den MD-Kanal und die Regnitz danach in den Vorort Bruck und von da über Tennenlohe durch den Wald und dann links entlang der Straße hoch bis nach Kalchreuth. Am Ortseingang rechts unten liegt der Keller, der jedoch erst um 13.00 bzw. am Sonntag um 12.00 öffnet. Wir fahren deshalb zum Gasthof zu den drei Linden im Ort, rechts an der Kreuzung, die oft schon um 11.30 öffnen und ein eigenes Hausbier zum Verzehr kredenzen.

Kalchreuth-Adlitz (11 km)

Von den drei Linden links den Berg hinab Richtung Uttenreuth. Von da geht es teilweise ordentlich aufwärts nach Marloffstein. Im Ort rechts auf die Straße und hinter der Kuppe, links auf den Radweg, der abwärts nach Adlitz zum Gasthof Ludwigshöhe führt. Ein super Biergarten mit großer Karte, selbst unter der Woche mit allen fränkischen Speisen, die typischerweise beliebt sind, empfehlenswert das Schäufele. Zu trinken ein Potpurri von regionalen Bieren. Neben dem obligatorischen Tucher, ist Bier zu haben vom Mahrs Bräu in Bamberg, vom Hönig/Tiefenellern und – selten – vom Meister in Unterzaunsbach. Der Blick von der großen Terrasse geht Richtung Langensendelbach.

Adlitz-Obermembach (18 km)

Von der Ludwigshöhe rollen wir abwärts über links Bräuningshof nach Bubenreuth, unter Bahn und Frankenschnellweg hindurch, über die Regnitz nach Möhrendorf. Über den MD-Kanal und entlang desselben links radeln, bis nach ca. 2km der Radweg durch den Wald nach Dechsendorf abbiegt. Von Dechsendorf über Heßdorf und Unter- sowie Mittelmembach kommen Sie zum Gasthaus Gumbrecht in Obermembach. Das traditionelle Haus ist seit einigen Jahren unter neuer Führung, zu Essen gibt's Brotzeiten und einige Fränkische Spezialitäten, zu Trinken natürlich Biere vom Tucher aber auch das leckere Kellerbier vom St.Georgenbräu in Buttenheim. Auf der Wiese über der Strasse sitzt es sich mit Blick auf den Weiher sehr entspannt und viele Besucher und Radfahrer sehen das genauso. Ein zurecht gut besuchter Ort.

Obermembach-Oberreichenbach (11 km)

Muf nehme nach Oberreichenbach Anlauf, denn es geht vom Gumbrecht kurz steil die Strasse – gerade rauf – in den Wald. Basteln Sie sich bis zur Strasse nach Hammerbach und von dort kann muf über Buch und Unterreichenbach zum Gasthof Geyer kommen (Vgl. Tour 14). Im Sommer hat der Geyer einen sehr beliebten Keller am Ortsrand Richtung Tanzenhaid. Zu Essen gibt's dort Brotzeiten, kleine warme Gerichte, Freitag Makrele; zu Trinken das Hausbier, ein Weizen und das Rotbier. Alles prima.

Blick vom Gasthof Gumbrecht auf Weiher   Auf dem Keller vom Geyer in Oberreichenbach

8. Berg und Tal

Kompass Fahrradkarte 3096 Fränkische Schweiz, Kulmbach, Bayreuth

Weigelshofen-Oberleinleiter (15 km)
Auch diese Tour ist eine Veranstaltung für Kletterer oder solche, die es werden möchten. Gestartet wird von der **Brauerei Pfister** in Weigelshofen gegen 9.30. Zunächst folgen wir der Strasse über Drosendorf nach Drügendorf. An der Kreuzung rechts auf die Strasse nach Ebermannstadt einbiegen und gleich wieder links auf eine wenig befahrene Strasse Richtung Götzendorf.

Weigelshofen, Oberleinleiter, Huppendorf, H`stadt, Ebermannnstadt, Weigelshofen (53 km)

©2015 MapQuest - "Map data © OpenStreetMap and contributors.

Der gemütliche Teil endet in Tiefenstürmig, der landschaftliche schöne Teil wird hier ergänzt durch einen steilen Anstieg auf das Hochplateau der Fränkischen Schweiz. Hinter der Kurve um die Kirche steigt eine kleine, schmale und geteerte Strasse rechts steil aus dem Ort an. In Serpentinen tritt muf in die Pedale bis auf über 500 Höhenmeter durch den Wald hoch. Wenn es nicht so anstrengend wäre, könnte man den Weg als sehr angenehm empfinden. Oben noch ca. 1 km auf dem Weg bleiben, dann links abbiegen und nach ca. 500m noch mal links. Vom „Assenberg" auf rund 550hm geht es leicht abwärts bis nach Kalteneggolsfeld, durch den Ort auf die Strasse nach Oberngrub. Von dort rechts ab auf die Strasse nach Burggrub. Es geht – teilweise ordentlich – wieder bergab. In Oberngrub, an der Kreuzung links abbiegen und nach wenig mehr als 1 km erreicht muf Oberleinleiter und rechts die **Brauerei Ott**. Beim Ott gibt es ein Helles, Obladara, leider eingeschränkte Öffnungszeiten (sonst nach Heiligenstadt), und einen kleineren Biergarten im Hof an der Strasse. Im Sommer wohnen dort mitunter viele Fliegen; das ist lästig. Ansonsten ist es trotz Lage an der Strasse gemütlich.

Oberleinleiter-Huppendorf (6 km)
Von dieser ersten, verdienten und vom Ott belohnten Rast, geht es auf dem „Burgenradweg" (BR) und der „Fürstbischöfliche Tour" (FBT) Richtung Tiefenpölz. Die Strasse am Wanderparkplatz verlassen und durch das schöne Leinleitertal hochfahren. Nach ca. 4 km erreicht man Geisdorf. Auf der FBT bleiben und nach Laibarös radeln. Hier geht es zeitweilig wieder gut abwärts. In Laibarös rechts auf die Strasse nach Hollfeld einbiegen, hinter dem Ort links auf einen Wanderweg, der hier gleich dem BBT ist. Es steigt sanft bergauf, der Weg ist nicht so gut befahrbar, weil teilweise spurrillig und

33

nur geschottert. Nach ca. 2,5 km erreicht muf Huppendorf. Kurz eine Rampe in den Ort abfahren, gleich rechts und dann liegt links die **Brauerei Grasser** (Vgl. Tour 3, 4, 26). Der Grasser hat einen schönen Biergarten, bietet ein leckeres Dunkles und gutes Essen. Eine prima Station für einen Mittagshalt, und wie Sie als Leser dieses Radwanderführers merken werden, eine oft und gern besuchte Adresse, gut für Übernachtungen.

Huppendorf-Heiligenstadt (10 km)

Vom Grasser links hoch, dann rechts auf die Strasse nach Hohenpölz. An der Kreuzung zunächst rechts auf die Strasse und nach knapp 2 km rechts auf einen Flurweg. Diesem Weg, der lange durch Felder und Wälder geht, bis nach Brunn folgen. In Brunn eine 90°-Kurve fahren, nach ca. 100m wieder rechts auf den Flurweg. Dort immer geradeaus bleiben bis muf auf die Strasse kommt. Dort rechts nach unten abbiegen. Es beginnt eine längere, teilweise steile Abfahrt. (wer möchte, kann nach wenigen 100m, rechts zum Schloss Greifenstein abbiegen). Die Strasse mündet unten auf die Hauptstrasse, links wartet Heiligenstadt. Im Ort auf den Dorfplatz rechts abbiegen. Die **Brauerei Aichinger** bietet nur einige Tische und Plastikstühle vor der Tür, manchmal stehen Bänke am Rand des Marktplatzes. Das Bier ist ein leckeres, eher helleres – goldfarbenes -, mit einem eigenen Geschmack, der lange nachhält.

Heiligenstadt-Ebermannstadt (12 km)

Links hinter dem Aichinger beginnt der Leinleiterradweg (firmiert sowohl hier als FT als auch als BBT), der auf der alten aufgelassenen Bahntrasse, durch das schöne Leinleitertal über Traindorf zunächst nach Veilbronn führt. Von dort geht es gemütlich, immer ganz sanft abwärts über Unterleinleiter bis nach Gasseldorf. Dort auf dem Radweg bleiben, die Strasse kurz queren und rechts weiter nach Ebermannstadt im Wiesenttal. Vor der Stadt an der Kreuzung links, gleich am Supermarkt wieder rechts und muf fährt durch die „Fußgängerzone" über den Hauptplatz direkt auf den **Schwanenbräu** zu. Dort im Biergarten vor dem Hotel sitzt es sich gut, das Bier ist ein klassisches Dunkles. (Ab dem späteren nachmittag (17.00) hat der Schwanenbräu an der Wiesent einen Keller geöffnet, der zum Sitzen an rustikalen Bänken einlädt; alternativ Wiesentgarten)

Ebermannstadt-Weigelshofen (10 km)

Als wären es am vormittag noch nicht genug Berge gewesen, beginnt nun die letzte Etappe mit langem, langem Anstieg auf die „Lange Meile". Dazu vom Schwanenbräu durch Gassen zurück auf die Hauptstrasse. Ungefähr in der Mitte des Ortes führt rechts die Strasse nach Buttenheim, darauf einbiegen. Die Steigung ist in Ebermannstadt mit 2-3% noch bequem fahrbar, hinter der Stadt geht es kontinuierlich über 6-7 km - nun steiler - auf der Strasse bergan. Hinter der Abzweigung nach Eschlipp noch weitere ca. 2 km bis auf die Höhe (wieder über 500hm). Von dort geht es in zwei

Auf dem Assenberg über Tiefenstürmig – Obacht, es wird geschossen...

Serpentinenkurven steil bergab bis muf nach ca.1 km links nach Drügendorf abfahren kann. Von Drügendorf (Brauerei Först) links hoch, an der Kirche vorbei auf die kleinere Strasse nach Drosendorf, von dort auf dem Flurweg durch Maisfelder und Obstgärten nach Weigelshofen. Der Pfister liegt links ungefähr nach der Hälfte des Ortes. Geschafft...in jeder Beziehung. Es ist 17.00. Der Weg war lang mit 53 km und vielen Anstiegen und echten Belohnungen.

War mal der Boden eines Meeres...Kreidefelsen in der Fränkischen

9. Rund ums Walberla

Kompass Fahrradkarte3096 Fränkische Schweiz, Kulmbach, Bayreuth

Weigelshofen-Leutenbach-Thuisbrunn-Pretzfelder Keller-Weigelshofen (53 km)

Weigelshofen-Leutenbach (20 km)

Und auch diese Tour ist für Bergziegen. Belohnung für die Anstrengungen sind drei wunderbare Einkehrschwünge in der Fränkischen, dem Gebürg. Um 9.30 gestartet zunächst auf den Radweg nach Eggolsheim. Dort vorbei an den Sportplätzen auf den BBT, dieser wenig befahrenen Strasse ca. 3 km folgen. Obacht, gegen Ende dieser Strecke geht der Radweg durch einen Wald bergab und mündet auf einer Strasse, die es zu überqueren gilt. Hier führt der Flurweg als „Burgenstrasse Radweg" (BR) weiter durch Wiesen nach Forchheim. Der Weg durch Forchheim ist keiner der Schönsten. Die Stadt, Höhe über Meeresspiegel 265m, bis zur Hauptkreuzung bis zur Abzweigung an der Kreuzung in die Fränkische Schweiz folgen, dann links über die Bahnbrücke und dahinter rechts auf den BBT. Diesem parallel zur Hauptstrasse bis kurz vor Reuth folgen, auf dem BBT bleiben und die Wiesent überqueren. An der Wegkreuzung rechts Richtung Wiesenthau fahren. Aus dem Wiesenttal geht es in Wiesenthau teilweise heftig bergan bis nach Schlaifhausen. Links liegt ein heiliger Berg der Fränkischen, das Walberla. Wir radeln heute sozusagen 1x drumrum. In Dietzhof links noch knapp 1 km nach Leutenbach zur **Brauerei Drummer**. Dort gibt es im Biergarten zur Stärkung für die kommenden Aufgaben ein kräftiges Dunkles. Wir fahren nach Umtrunk weiter.

Leutenbach-Thuisbrunn (8 km)

Die zweite Etappe - das Mittagessen muss erst noch verdient werden - ist eine für Bergtrikot-Aspiranten. Vom Drummer geht es ca. 200m zurück Richtung Dietzhof, dann geradeaus auf einen Flurweg. Nach ca. 1 km links abbiegen. Wir sind wieder auf dem BBT. Nun beginnt ein eher kurzer aber sehr steiler Anstieg mit ordentlich Steigungsprozenten, zunächst durch Kirschgärten, wenig später im Wald. Auf rund 2 km werden fast 200 Höhenmeter erklommen, bis die Steigung in Ortspitz endet.

Hinterm Ort links auf die Strasse, es geht weiter – leichter, viel leichter – bergan, wir sind auf ungefähr 500 hm im Wald, dann auf der Strasse abfahren über Haidhof und weiter bis nach Thuisbrunn. Über dem Ort liegt majestätisch die Burg. Im Ort rechts halten.

Der Namensgeber des Elch-Bräus in Thuisbrunn

Am Ende liegt rechter Hand der **Elchbräu.** Im Gastraum hängt ein ausgestopfter, nemensgebender Elchkopf. Der arme Elch...Die noch junge Brauerei, früher Gasthof Seitz, hat links einen Biergarten, bietet gute fränkische Küche und ein sehr leckeres Dunkles (Vgl.Tour 26).

Fränkische Schweiz ist Kirschenland

Thuisbrunn-Pretzfelder Keller (9 km)

Vom Elch zunächst durch Thuisbrunn zurück, dann rechts auf die Strasse nach Egloffstein. Nach kurzem leichtem Anstieg und ebenso kurzer Abfahrt, nach ca. 2 km, links geradehoch auf einen Flurweg. Dieser führt – zur Orientierung – unter den Strommasten entlang eines links liegenden Waldes nach kurzer ebener Strecke auf einmal kurz und knackig, weil geschottert und nur ein Traktorweg, hoch. Oben wird der Weg leicht abschüssig und geteert und erreicht Egloffsteinerhüll. Er führt vorbei an zwei, drei Häusern. Wir fahren jedoch gerade über die (Obacht!) Strasse hinweg, wieder auf einem Feldweg, der nach knapp 1 km in den Wald führt. Rechts unterhalb des Weges ist wenig später ein Zaun zu erkennen, der den Wildpark Hundshaupten nach oben begrenzt. Mit ein wenig Glück kann man Rotwild sehen. Der Feldweg mündet schließlich kurz danach auf die Strasse, wo wir rechts abbiegen – wieder auf den BBT. Wenig später durchfährt muf abwärts Hundshaupten, bleibt auf der Strasse nach Pretzfeld, erklimmt eine letzte kurze Steigung hinter dem Ort. Auf den folgenden 2 km liegen rechts und links Kirschgärten. Am Ortseingang von Hetzelsdorf geht es sehr steil bergab. Ein Bremsfallschirm könnte der Abfahrt noch mehr Anmut und Schönheit verleihen. Auf der Höhe der Kirche, dem „Hetzelsdorfer Dom" liegt rechts die **Brauerei Penning-Zeißler** (Sa/So ab 11.00, keine Gastro). Weiter abwärts in Poppendorf macht der Weg eine enge Kurve durch den kleinen Ort. Immer entlang von Kirsch- und Apfelgärten führt die Strasse runter nach Hagenbach und von dort auf der Strasse links (mit kurzem Radweg) nach Pretzfeld. Im Ort rechts Richtung Ebermannstadt und der Beschilderung zum Pretzfelder Keller folgen, Biere der **Brauerei Nikl.**

Pretzfelder Keller - Weigelshofen (16 km)
Zurück nach Pretzfeld, hindurch, über die Bahnbrücke und die Wiesent geht es Richtung B470. Diese überqueren und dann auf dem BR links nach Weilersbach.
Dort im Ort rechts hoch auf die Strasse nach Eggolsheim. Ja, es folgt ein langer und teilweise steiler Anstieg bis auf ca. 450 Höhenmeter (Alternative: wer schon genug Berge -oder Bier aus Pretzfeld und vom Elch – hatte, kann auf dem BR bleiben und über Kirchehrenbach und Reuth zurück nach Forchheim und von dort retour auf der gleichen Strecke wie heute zu Beginn nach Eggolsheim und Weigelshofen fahren). Die Strasse steigt bis ca. 2 km hinter Weilersbach an, führt dann über Rettern bergab bis nach Kauernhofen. Dort die Strasse im Ort rechts Richtung Kirche verlassen und wieder auf den BBT. Der Radweg geht als Flurweg bis zum Ortseingang von Weigelshofen, und ca. 300m dahinter befindet sich die Einfahrt der **Brauerei Pfister,** Start und Ziel. Hier wird der Bierwanderer beglückt mit einem Schwarzen Keller oder einem Landbier. Neu sind das Schirnaidler und das Weißbier, alle Biere sind Öko-Standard.

Es ist 17.00. Die Strecke beträgt in Summe ca. 53 km. Viele gehen übel bergan, demnach genau so viele bergab. Sie brauchen Kraft, Willen und gute Bremsen. Die Mühe wird belohnt durch die besonderen Einkehrschwünge beim Drummer, beim Elchbräu und auf dem Pretzfelder Keller, drei lohnenswerte Halte in der Fränkischen. Voila.

10. Über den Geisberg (mit Alternative am Ende)
Kompass Fahrradkarte 3096 Fränkische Schweiz, Kulmbach, Bayreuth

Weigelshofen-Rossdorf (27 km)

Vom Pfister gegen 9.30 gestartet. Die Strecke führt zunächst über Flurwege nach Gunzendorf. Es ist zielführend, zunächst Richtung Drosendorf auf der Strasse zu bleiben und dann am Ortseingang links auf die ausgeschilderte FT einzubiegen. Dann geht es erst mal kurz bergauf. In Summe nach ca. 4 km am oberen Ende von Gunzendorf ist eine Brücke über die Bundestrasse, danach der Beschilderung des Radweges nach Stackendorf folgen. Der Radweg ist ausgebaut bis zum pittoresk schönen Frankendorf (ehemaliger Bundessieger bei „Unser Dorf soll schöner werden").

Weigelshofen(E)-Rossdorf am Forst- Senftenberger Keller /Gunzendorf (Drügendorf)-Weigelshofen (45 km; 47 km)

Hinter Frankendorf der Strasse nach Tiefenhöchstadt folgen. Das ist ein richtig fieser und ca. 3 km langer Anstieg. In Tiefenhöchstadt Luft holen, danach die restlichen 3 km Steigung (wird oben raus flacher) nach Teuschatz absolvieren. Im Sattel an der großen Linde und an der Kreuzung vor Teuschatz öffnet sich ein schöner Ausblick durch den Wald bis nach Bamberg. Vor dem Ort links auf einen Flurweg abbiegen. Nach kurzem Anstieg kommt man bei den Sportplätzen oberhalb des Ortes raus. Linker Hand auf dem Feldweg bleiben. Nach kurzer gerader Strecke geht es in den Wald und abwärts. An der Kreuzung **zunächst geradeaus**, und dem ersten Flurweg – nach der Kreuzung rechts/geradeaus folgen. Es geht wieder leicht bergauf, immer in einem sehr schönen Wald. Einzige Geräusche sind Vogelzwitschern, Spechtgehacke und ggf. das eigene Schnaufen. Der Weg zieht sich ein wenig im Geisdorfer Forst. Muf erreicht nach ca. 2,5 km eine weitere Kreuzung. Dort rechts und nach nur ca. 50 m wieder links. Nun auf diesem Weg konsequent bleiben. Er führt den Geisberg komplett abwärts, verjüngt sich zwischendurch bis auf Wanderpfadbreite, wird unten heraus wieder breiter und mündet auf einen geteerten Weg. Dem nach rechts folgen. Nach ganz kurzer Strecke kommt man aus dem Wald. Melkendorf liegt unter uns. (Schauen Sie mal, ob jemand bei der Brandholz Brauerei da ist...) Wir fahren den Weg abwärts. Im Ort halten wir uns auf der „Otterbachstrasse". Aus dem Ort unten geht es nun wieder den Hang auf einer geteerten Strasse hoch und dann immer geradeaus Richtung Geisfeld. Nach noch einigen kleineren Wellen im Wald, der Weg wechselt zwischendurch von Teer zu einem breiten Waldweg, erreicht muf nach wenig mehr als 2 km den oberen Rand von Geisfeld. Auf die Strasse, an der Kreuzung rechts und kurz danach wieder links vorbei an der Brauerei Griess. Von dort vorbei am Griesskeller abfahren bis zum Sportplatz in Rossdorf. Dort auf die Strasse, direkt rechts abbiegen und dann steht muf nach ca. 200 Metern rechts vor der **Brauerei Sauer**. Wie auch in Tour 22 beschrieben gibt es beim Sauer sowohl gut zu Essen als auch zu Trinken, Dunkles und Helles; und insbes. am Wochende ebenfalls einen Kellerbetrieb am Ortsrand Richtung Wernsdorf.

Rossdorf-Senftenberger Keller, Alternative Drügendorf (14 oder 16 km)
Vom Sauer zurück Richtung Sportplatz, dort geradeaus hoch und über die Kuppe nach Wernsdorf. In Wernsdorf weiter nahezu geradeaus auf die Strasse nach Seigendorf und Buttenheim. Es geht mehrere Kilometer bergauf – Buße für das gute Mittagessen. Auf der Höhe von Friesen (früher Brauerei Brütting) endet zunächst der Anstieg, wir fahren rund 1,5 Kilometer ab bis Seigendorf, durchqueren es. Am Ortsausgang noch eine unterschätzte kurze, giftige Steigung. Danach mehrere Kilometer auf sanft abschüssiger Strasse bis nach Buttenheim (St.Georgenbräu, Löwenbräu) rollen. In der Levi-Strauss-Stadt links nach Dreuschendorf einbiegen. Dieser sehr wenig befahrenen Strasse durch Dreuschendorf folgen, wenige hundert Meter dahinter links auf die Strasse nach Gunzendorf abbiegen. Es geht wieder bergan – und wenn muf es genau betrachtet – sogar von Gunzendorf aus ziemlich... In Gunzendorf folgt muf links der Beschilderung zur Senftenberger Kapelle und zum Keller. Nach einem kurzen Stück im Wald steigt der gepflasterte Weg bis zur Kapelle richtig steil an. Es kumuliert vor dem Keller in einer betonierten Rampe (neben einer Treppe mit Geländer), die nur wenige Radfahrer auf dem „Bike" nehmen. Ich schiebe und bin froh auf dem **Senftenberger Keller** (früher Brauerei Sauer) angekommen zu sein. Dieser ist vornehmlich am Wochenende geöffnet (Sa/So ab 11.00); unter der Woche bei gutem Wetter ab 14.00; und ein beliebtes Anlaufziel für Mountainbiker und Wanderer. Der Blick schweift weit übers Tal bis zur Langen Meile. Der Biergarten ist weitläufig, auch bei Betrieb gibt's Platz, das Bier ist ein klassisches Kellerbier und wird direkt aus demselben nach alter Tradition aus dem Fass geboten.
(Alternativ kann man auch von Dreuschendorf kommend auf der unteren Strasse nach Gunzendorf bleiben, den Ort durchfahren, am hinteren Ende einen Hang hoch und am

Ende der „alten Strasse" auf die neue einbiegen. Nach ca. 2 weiteren Kilometern auf der Strasse erreicht muf Drügendorf. In den Ort links abbiegen, dann nach ca. 150

Metern liegt rechts erhöht die **Brauerei Först**. Der Först hat ein leckeres Dunkles, das typische Bier der Fränkischen- allerdings auch sehr selektive Öffnungszeiten; eine weitere Einkehrmöglichkeit besteht in Drosendorf.

Vom Först links, links an der Kirche vorbei auf einen kleineren Verbindungsstrasse nach Drosendorf, hier abwärts zurück nach Weigelshofen; ca. 4 km)

Keller der Brauerei Sauer in Rossdorf

Senftenberger Keller-Weigelshofen (5 km)
Vom Keller zurück bis nach Gunzendorf downtown, dort dem BBT folgen, an der Kreuzung vor Drosendorf rechts und nach Weigelshofen zurückrollen. Mit steilem Berg zu Beginn und welligem Gelände danach hat die Tour bis 16.30 gedauert, also ca. 7 Std. bei drei Einkehrschwüngen. Eine schöne Schleife an der Westkante der Fränkischen Schweiz.

Let`s go to the chapel...

Unter der großen Linde: Pfister in Weigelshofen

11. Ins Coburger Land

Kompass Wandern, Rad 165, Nördliche Fränkische Schweiz

Reundorf-Birkach am Forst-Sesslach–Herreth-Nedensdorf-Reundorf (51km)

Reundorf-Birkach am Forst (10 km)

Zwischen Staffelstein und Lichtenfels liegt Reundorf, zur einen Seite schaut muf auf Vierzehnheiligen (Tour 6), auf der anderen Seite über dem Maintal thront Kloster Banz. Vom Gasthof Müller in Reundorf - weithin bekannt als Radfahrerfreundliches Quartier auf dem Main-Radweg und durch extraordinäre Windbeutel als Spezialität des Hauses – beginnt die Fahrt um 9.30. Zunächst führt der Weg links aus dem Ort Richtung Lichtenfels um gleich dahinter links über eine Holzbrücke den Main zu queren. Nach ca. 1 km erreicht muf Weingarten und fährt steil hoch aus dem Maintal. Oben den Weg nach Stetten einschlagen. Es geht wellig dahin. Hinter Tiefenroth einer Nebenstrasse nach Birkach a.F. über die B289 folgen. Nach der Brücke führt die Nebenstrasse abwärts nach Birkach am Forst. Der Blick geht weit über das Itztal, rechts am Horizont ist die Feste Coburg zu sehen. Obacht: Bei starken Regenfällen kann der direkte Weg vorbei an den Fischteichen überschwemmt sein (im sog. Sommer 2013 war das so). Dann wird die Strecke zum Abenteuer und mitunter liegt ein verirrter Fisch auf dem Flurweg...Im Ort unten residiert rechts hinter einer Kurve die **Brauerei Eller**, unser erster Halt des Tages. Der Eller, ein in der Ansicht unscheinbarer Gasthof mit Terrasse und eher dunklem, wenig einladendem Gastraum, hat ein sehr feines Bier, genannt „Rotes", das vormittags schon ausgezeichnet mundet.

Birkach am Forst-Sesslach (16 km) Vom Eller auf die Strasse nach Obersiemau und dann nach Untersiemau einbiegen. Hier durch den Ort einen Weg über die Itz nach Scherneck suchen. Angekommen, nach links fahren auf einer

Vor den Dürrejahren...River of return, bei Birkach im „Frühsommer" 2013

Landstrasse Richtung Gossenberg Es geht bergan, teilweise spürbar. Vor Gossenberg rechts auf einen Radweg, der zunächst noch mal über Watzendorf hochführt. Diesen geradeaus bis nach Krumbach radeln. Dort rechts der Beschilderung des Radweges nach Sesslach folgen.

Gastlichkeit unter einem guten Stern

Schlemmen wie Gott in Franken! Diät Hax'n mit Salat

Diätetisches Mahl in Sesslach

So wie es zuvor rauf ging, rollt es nun wieder bergab. Am Ortseingang nicht auf den Radweg links einbiegen (geht auch, führt am Schloß vorbei). Stattdessen noch ein wenig die Strasse runter, in der Kurve links in die Altstadt durch ein kleines Stadttor fahren. Im pittoresken alten Fachwerkstadtkern nach ca. 200m rechts und wir gelangen auf den Marktplatz mit seinen vielfältigen Einkehrmöglichkeiten. (Vgl. Touren 13, 26)

Von der Kommunbrauerei der Stadt sind als Ausschenkende das **Gasthaus Reinwand** und der **Rote Ochse** übriggeblieben. Heute entscheiden wir uns für den roten Ochsen, der das gute, dunkle Sesslacher Kommunbräu ausschenkt – und gutes, fränkisches Essen in Lichtgeschwindigkeit serviert. Empfehlenswert ist ohne Wenn und Aber das Schäuferle.

Sesslach-Herreth (15 km)

Vom roten Ochsen weiter durch das Stadttor über die Rodach auf den Radweg nach Heilgersdorf fahren. Es geht ca. 1 km leicht hoch, genau so viel danach bergab. Von Heilgersdorf (Brauerei Scharpf) immer sanft abwärts über Memmelsdorf – hier geht es kurz hinter einem Industriewerk hügelan -nach Untermerzbach strampeln. Dort entweder über die Strasse und Itzbrücke nach Kaltenbrunn; oder, landschaftlich viel interessanter, links auf den Thermen-Radweg (TR) vorbei an Gehöften und einem Schloss durch die Itzauen. In Kaltenbrunn (Brauerei Schleicher, nur abends geöffnet) weiter auf dem TR Richtung Lohhof. Hinter dem Weiler den TR verlassen und hoch nach Herreth fahren. (In Herreth wartet die ehemalige Brauerei Stirnweiß, jetzt als Gasthaus, das ab 17.00 öffnet).

Herreth-Nedensdorf (3km)

Weil typischerweise noch zu früh: Nur einen Katzensprung vom Stirnweiß ist es nach Nedensdorf. Dazu fährt muf aus dem Ort Richtung Unnersdorf. Nach ca. 2 km biegt links die Strasse nach Neubanz und Kloster Banz ab. (Obacht: Wer sich für diesen Weg entscheidet wählt Kultur, Anmut, Aussicht und eine etwa 800m lange schweißtreibende Rampe zum Kloster hinauf. Von dort kann muf über Weingarten und den Main nach Reundorf zurückkehren). Wer nicht so sportiv und kulturinteressiert veranlagt ist, fährt an der Kreuzung rechts steil hinunter ins Maintal nach Nedensdorf zur **Brauerei Reblitz**. Das ist ein großes, unter der Woche nach 16.00 geöffnetes (So. früher) und wie uns schien, ambitioniertes Haus. Zu trinken gibt's ein schmackhaftes Dunkles, daneben ein Weizen und ein Rauchbier. Alle drei sind diesen Abstecher wert. Beim Reblitz kann muf auch übernachten.

Nedensdorf-Reundorf (7 km)

Vom Reblitz auf dem Radweg nach Unnersdorf fahren, den Main überqueren, nach ca. 300m links über die Strasse auf den Radweg nach Schönbrunn. Von dort sind es

noch 2 km auf dem Main-Radweg (MR) nach Reundorf und zurück zum Gasthof Müller. Es ist 17.00, 51 km und ca. 7,5 Std. Fahrzeit liegen hinter uns. Zu trinken bietet der Müller, der selbst nicht braut, Allerweltsbier vom Leikeim, Rauchbier vom Bamberger Schlenkerla, und wechselnde Biere, z.B. das leckere Dunkle vom Scharpf aus Heilgersdorf.

Zur Abrundung der Diät ein ordentlich dimensionierter Windbeutel- Spezialität bei Müllers

Das Essen ist außergewöhnlich gut und vielfältig, die Wirtsleute zuvorkommend. Wie wäre es z.B. mit einer halben Ente (vorbestellen; geht nur paarweise - zwei halbe machen eine ganze Ente...) und danach...einem Windbeutel? Darauf schwören die vielen Gäste, nicht nur Radfahrer:innen. Neu seit `24 ist allerdings, dass der Gasthof vornehmlich nur für Hausgäste öffnet.

12. Aischgrund mal anderslang
Kompass Fahrradkarte 3082 Bamberg Haßberge Steigerwald

Weigelshofen (E)-Röttenbach(B) -Neuhaus(C)-Stiebarlimbach-Weigelshofen (59 km)

©2015 MapQuest - "Map data © OpenStreetMap and contributors.

Die Tour beginnt mit längerer Fahrstrecke bis zum ersten Halt, gefolgt von einer kurzen Etappe bis zur Mittagspause. Danach führt der Weg zum großen Keller von Stiebarlimbach, bevor es zurück nach Weigelshofen geht.

Weigelshofen-Röttenbach/Zeckern (25/27 km)

Von Pfisters um 9.30 gestartet. Langsam nach Eggolsheim einrollen. Am oberen Ende von Eggolsheim hinter dem Sportplatz auf den Weg nach Bammersdorf auf die vielfach zitierte „Brauerei und Keller-Tour" (BBT) abbiegen. Dem Radweg bis nach Forchheim in die Altstadt folgen. Hinter dem Pfalzmuseum die Brücke über die Autobahn und den Main-Donaukanal nehmen. Danach links an den Kanal auf den „Aischtal-Radweg"(AR). Auf dem Radweg bis auf die Höhe von Baiersdorf bleiben – das sind in Summe ca. 18 km. An der Kreuzung rechts nach Röttenbach den Radweg parallel zur Strasse nehmen. Es geht leicht bergauf, dies über eine längere Strecke von ca. 4 km. Oben abfahren nach Röttenbach, **Brauerei Sauer** im Ort. Wenn zu und Sie Sonntag unterwegs, lohnt ein Besuch des Zeckerner Kellers (öffnet 13.00, an anderen Tagen erst ab 17.00, alternativ deshalb zur Route über Röttenbach und Neuhaus könnten Sie nach Aisch (Brauerei Rittmayer) oder zum Laufer Keller fahren, der zumindest Sa/So ab 15.00 öffnet.

Röttenbach-Neuhaus (5 km)

Nach diesen Möglichkeiten zum Frühschoppen weiter abwärts in den Ort, über eine Kreuzung geradeaus hoch. Hinter einem Wohngebiet geht es nach ca. 1 km in den Wald, dort an einer Wegkreuzung dem Schild „Felsenkeller" leicht rechts folgen. Nach weiteren knapp 2 km erreichen wir als zweiten Halt und Mittagspause den Keller der **Brauerei Zum Löwenbräu, Neuhaus.** (Wem das alles zu schnell geht, kann in Röttenbach an der Kreuzung nach links fahren, folgt dann dem „Fränkischer Karpfenradweg" (FKR), überquert auf einer Brücke die A3 und fährt entlang von kleineren Seen über Popperswind nach Neuhaus, dann allerdings wieder ca. im Ort 1 km leicht bergan bis zum Keller. Dieser Weg ist rund 12 km weit). Der Felsenkeller der Brauerei Zum Löwenbräu liegt schön und schattig im Wald. Es gibt den erwartbaren Speis – Brotzeiten und Schnitzelvarianten - und Trank. Bemerkenswert ist der Bratwurstsalat; ungewöhnlich mit warmer Bratwurst, aber lecker und gerne gewählt, wie der Blick in das Rund der zahlreichen Gäste zeigt. Als Bier ein Lager, hervorzuheben auch ein gut trinkbares Weissbier mit Namen „Karpfenweisse".

Neuhaus- Stiebarlimbach (12 km)

Vom Felsenkeller geht es zunächst abwärts durch Neuhaus, dann rechts auf den FKR. In Adelsdorf entweder über Aisch oder Uttstadt auf den „Aischtalradweg" (AR), dann rechts. Wir fahren über Lauf nach Haid. Am Ortsende von Haid links abbiegen. Zur Orientierung: da ist rechts von Bäumen verdeckt ein kleiner See.

Sauer Keller/Röttend., derzeit geschlossen: desh.Gasthof im Ort

Nach wenigen hundert Metern rechts bleiben. In etwas mehr als 2 km taucht Stiebarlimbach auf. Einbiegen auf den Fahrweg zum Keller, vorbei an den in ihren Dimensionen an das Westfalenstadion in Dortmund erinnernden Parkplätzen undschon steht man als drittem Halt vor dem großen Kellerbetrieb der **Brauerei Roppelt**. Hier gibt es ein, erfahrene Festsitzer sagen zu süffiges Kellerbier, ferner ein Weizen. Daneben fränkische Kellerspeisen in den üblichen Varianten, warm und kalt.

Stiebarlimbach-Weigelshofen (17 km) Vom Roppelt nach kurzem Flurweg fahren auf dem BBT - Radweg über Hallerndorf (Dorfkeller der Brauereien Lieberth und Rittmayer), Über Trailsdorf, Schlammersdorf (Keller der Brauerei Witzgall)

Bratwurstsalat, sehr empfehlenswert

und Neuses geht es nach Eggolsheim. Von dort am oberen Ortsausgang zurück nach Weigelshofen. Überhaupt: Besuchen Sie mal den Witzgall, sehr gutes Bier.

13. Von Wiesen an Main und Itz nach Seßlach

Wiesen- Ebing (16 km)
Von der Brauerei Thomann gegen 9.30 aufgebrochen, geht es zunächst über die Mainbrücke und dann rechts auf den Main-Radweg (MR). Diesem über Niederau, Ebensfeld und Unterleiterbach bis nach Zapfendorf folgen. Hier macht der MR einen Knick nach rechts und nach ca. 1,5 km geht es links auf einen Flurweg, der nach weiteren ca. 2 km Ebing erreicht. Den **Schwanenbräu** der Familie Hübner finden Sie auf einem größeren Platz und dort linker Hand. Es gibt ein leckeres Dunkles in der Gaststätte mit ebenso dunkler wie schöner Holzdecke. Alternativ können Sie im überdachten Hof im Biergarten sitzen. (Vgl. Tour 26).

Wiesen-Ebing-Freudeneck-Sesslach-Wiesen (57 km)

Ebing-Freudeneck (4 km)
Vom Schwanenbräu geht es entlang der Hauptstrasse nach Rattelsdorf, runter ins Itztal und über eine Brücke von dort durch den Ort Höfen zur **Brauerei Fischer** nach Freudeneck downtown, ca. 15 Häuser. Der Fischer schenkt ein helles Lagerbier aus, das in Farbe und Geschmack zwar sehr zum vorherigen Bier kontrastiert, aber deshalb nicht minder gut schmeckt. Eine mehr als gute Alternative für einen Mittagstisch ist der **Brauereigasthof Endres**, Goldener Adler in Höfen, rund 2 km vor dem Fischer. Weitere lohnenswerte Einkehrmöglichkeiten sind in Mürsbach (Sonnenbräu; und Gasthof Goldener Adler...noch einer) ca. 5 km hinter Freudeneck anpeilbar.

Freudeneck-Sesslach (20 km)
Nach zwei Halten so kurz hinternander möchte das Mittagessen sich erst noch verdient werden. Dazu schlagen wir uns entlang der Itz über Mürsbach (Sonnenbräu) Gleusdorf und Untermerzbach auf dem „Burgenstrasse-Radweg" (BR) bis nach Mem-

melsdorf durch. Von hier fahren wir weiter auf dem BR über Heilgersdorf (Brauerei Scharpf) nach Sesslach. **Roter Ochse** oder **Gasthaus Reinwand** (Vgl. Tour 11).

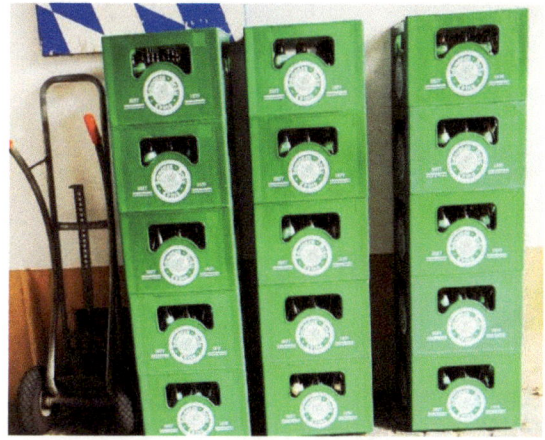

Bei beiden gibt es das Sesslacher Kommunbräu. Wir nehmen wegen der wärmenden Sonne im Biergarten heute im Gasthaus Reinwand Platz, und lassen uns Bier und Braten schmecken.

Sesslach-Wiesen (17 km)
Wir verlassen Sesslach, den Marktplatz und Reinwands Anni durch die kleine Fußgängerzone auf der Strasse nach

Kerngeschäft des Schwanenbräu Ebing

Kaltenbrunn, das wir nach knapp 10 km erreichen (Brauerei Schleicher). Hier überqueren Sie die B4 und biegen rechts auf den „Thermenradweg" (TR) ein. Vorbei am Weiler Lohhof geht es leicht ansteigend bis nach Draisdorf und dort steiler empor bis auf den Sattel des Hügels. Von da rechts abwärts auf einem nichtgeteerten, teilweise nicht guten, nur grob gepflasterten Flurweg abwärts bis nach Wiesen und hier kurz links zur

Brauerei Hellmuth auf ein Dunkles auf der Biergartenterasse, genannt Eierberg-Urstoff. Danach zurück auf die Strasse und nach nicht mal 300m erreichen wir links fahrend unseren Ziel- und Ausgangspunkt, die **Brauerei Thomann**. Es ist 17.00. Hinter uns liegen zwei wunderschöne Flusstäler, eine Fahrt über 57 km durch das Maintal und den Itzgrund.

Gegenüber der Rote Ochse...im Biergarten des Gasthauses Reinwand

14. Noch mal im Steigerwald – Von Oberreichenbach nach Uehlfeld

Landesamt für Vermessung und Geoinfoformation, Bayern, UK50-9, Naturpark Steigerwald, südlicher Teil

Oberreichenbach-Gutenstetten-Uehlfeld-Linden-Oberreichenbach (49 km)

© OpenStreetMap contributors

Oberreichenbach-Gutenstetten (14 km)

Vom **Brauereigasthof Geyer** (Vgl. Tour 23) führt der Weg zunächst auf einer Nebenstrasse Richtung Tanzenhaid nach Hohholz und von dort über Göttelhof nach Altenblick. Überqueren Sie die B470 und die Aisch nach Reinhardshofen und ein Radweg geht ab ab bis nach Gutenstetten zur Gaststätte Radlertreff (Do-So ab 11.30), wo Sie ein gut trinkbares Helles, Brauerei Hofmann, aus dem Nachbarort Pahres erwartet.

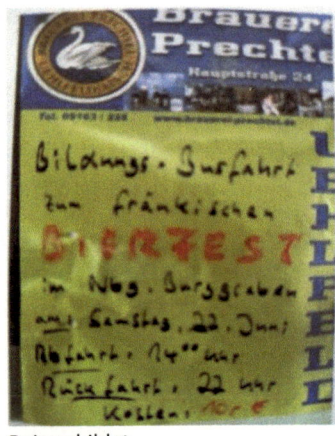

Reisen bildet

Demnächst viele Neugeborene...Störche in Uehlfeld

50

Gutenstetten-Uehlfeld (21 km)

Fahren Sie nun auf dem Steinachtalradweg über Münchsteinach (Brauerei Loscher) bis nach Mittelsteinach. Biegen Sie hier nach rechts auf die Straße nach Abtsgreuth ein. Es geht sukzessive hoch, hinter dem Ort Richtung Altershausen bis auf die Höhe auch steiler. Vom Sattel bis in den Ort geht's bergab und hier rechts auf die Strasse nach Uehlfeld. Das ist ein Stück über Hohenmühle, Schonweisach und Tragelhöchstadt. An der Kreuzung vor Uehlfeld radeln Sie links in die kleine Stadt ein. Zum **Brauereigasthof Zwanzger** biegt es im 90°Knick nach links Richtung Vestenbergsgreuth. Nach nur ca. 100m liegt rechter Hand der Gasthof mit Biergarten im Innenhof. Zu trinken breite Palette von verschiedenen Bieren, eins mit Namen 1639, dem Gründungsdatum des Hauses, wird empfohlen. Zu Essen am Wochenende normale fränkische Speisekarte, interessant das Biertreberschnitzel....Alternativ zum Zwanzger – wenn in der Saison am Wochenende geöffnet ist – bietet sich immer der schön mit Blick ins Aischtal liegende Keller der **Brauerei Prechtel** in Voggendorf an (Vgl.Tour 28,30).

Dazu durch Uehlfeld durchfahren, dann rechts in den Ortsteil Voggendorf. Der Keller unter Robinien – selten – liegt schön am Ortsausgang Richtung Gottesgab. Nach der eingehenden Visitation des Kellers nebst Verkostung des Kellerbieres schlagen Sie auch in Richtung Gottesgab die Heimreise ein. Über Peppen-, Trais- und Arnshöchstadt radeln Sie in diesem Fall nach Rezelsdorf und von dort zurück nach Oberreichenbach. It`s also very beautiful...

Uehlfeld- Linden (5 km)

Ansonsten: Vom Zwanzger geht's zurück auf die Straße bis nach Demantsfürth und ab da über Flurwege und durch Karpfenteiche über den Weiler Göttelbrunn bis nach Linden und zum **Rosenkeller**. Der weithin bekannte Keller liegt schön am Hang mit Blick ins Tal. Regionales Bier aus Münchsteinach von Loscher.

In Voggendorf: Rache des Aischgründer Karpfens...Aua

Linden-Oberreichenbach (9 km)

Vom Rosenkeller suchen Sie bitte am Ortsausgang den Weg nach Kästel. Dort angekommen fahren Sie zunächst auf die Strasse nach Emelsdorf, um dann aber nach ca. 1km hinter Kästel links hoch abzubiegen. Es steigt zunächst an und Sie erreichen im besten Fall nach ca. 3 km den

Bauernhof Sintmannsbuch inmitten von Karpfenteichen. Da bitte noch dran vorbei und wenige hundert Meter dahinter rechts auf einen Flurweg, der Sie – wenn Sie als Wegmarke wiederum durch eine erkleckliche Anzahl von Teichen hindurch gefahren sind –nach Oberreichenbach und im Ort rechts haltend zum Geyer bringt.

Der Gasthof bietet eine Standardübernachtung für zuletzt 50,-€ mit Frühstück, in der Winter-Saison Karpfen aus eigener Zucht, ansonsten eine breite fränkische Speisekarte. Zu trinken gibt's Einiges. Viele Gäste wählen das Kellerbier, ich selbst nehme am liebsten das Rotbier. Im Sommer ist der Gasthof nur noch selten geöffnet, dann aber der Keller der Geyers.

Geyer in Oberreichenbach

15. Mal eben nach Aschaffenburg
Kompass Fahrradkarte 3072 Aschaffenburg, Spessart, Main

Seligenstadt-Aschaffenburg-Seligenstadt (40 km)
Das ist ein kleiner Ausflug entlang des Mains, sowohl Start in Hessen und Zielpunkt in Bayern sind Städte mit Flair, Herz und alter Bausubstanz. Der Weg ist durchweg flach.

Seligenstadt-Aschaffenburg (20 km)
Gegen 12.30 in der historischen Altstadt von Seligenstadt gestartet, führt der Weg zum Main auf den Main-Radweg (MR).

© OpenStreetMap contributors

Bei Mainflingen überqueren Sie bitte den Main und fahren immer entlang des Flusses über Kleinostheim und Mainaschaff in die Untermainmetropole Aschaffenburg und bis zum Schloss Johanneshof, dem ehemaligen Zweitwohnsitz des Erzbischofes von

Mainz. Fahren oder schieben Sie hoch in die Stadt. Vom Fluss aus gesehen liegt rechts ca. 150 Meter neben dem Schloss der Brauereigasthof Schlappeseppel. Das Bier ist ein Aschaffenburger Klassiker (ferner: Schwind Bräu im Stadtteil Schweinheim). Die Gaststätte selbst führt jedoch kein Schlappeseppelbier (wird in Großostheim von Heyland und Eder gebraut), sondern das der **Brauerei Faust** aus Miltenberg. Für Nicht-Aschaffenburger etwas verwirrend, die Zeitläufte... Egal, die Biere beider Brauereien sind gut trinkbar, empfehlenswert nach unserem Geschmack besonders das Faust-Weizen. Zu Essen gibt es klassische fränkische Hausmannskost.

Aschaffenburg-Seligenstadt (20 km)
Vom Schlappeseppel fahren Sie wieder runter auf den MR zurück und zunächst auf dem gleichen Weg bis Mainaschaff. Überqueren Sie hier den Main nach Stockstadt und radeln Sie dann immer entlang des Mains auf dem Radweg bis nach Mainflingen. Hier im Ort links abbiegen auf einen Nebenradweg, der über Kleinwelzheim in die Innenstadt von Seligenstadt führt. In der Bahnhofstraße ist ein gutes Ziel das „**Klein(e)'s Brauhaus**".

Bier Faßen

Im Biergarten – unter der Woche geöffnet ab 16.00 (So. ab 11.00) – gibt es ein leckeres Dunkles, daneben Helles und Weizen, ein feiner Ausklang eines sehr entspannten kurzen Ausflugs. Dauer mit Mittagessen ca. 3 Std. für rund 40 km, gut geeignet für einen „Sonntagsspaziergang", egal an welchem Tag.

Schloß Johannisburg in AB – Christo was here, halfway

16. Von Fürnheim zum Wettelsheimer Keller und nach Obermögersheim

Radwanderkarte Romantisches Franken; Kompass Fahrradkarte 3102 Ellwanger Berge

Fürnheim-Wettelsheimer Keller-Obermögersheim-Fürnheim (79 km)

Und nun noch diese längere Tages-Tour...Sie führt von Fürnheim, der „Forstquell Brauerei" und Stammsitz der Öttinger Brauerei, entlang der Wörnitz durch die Berge zum Wettelsheimer Keller, und von dort durch das Altmühltal nach Obermögersheim und zurück. Die Forstquell-Brauerei hat eigene Biere, die zu überzeugen vermögen.

Forstquell Brauerei in Fürnheim und das exzellente Märzen der Brauerei Strauß

Fürnheim-Wettelsheimer Keller (38 km)

Fahren Sie zunächst ins Wörnitztal nach Wassertrüdingen und hier nach Auhausen. Jetzt biegen Sie aus dem Tal links ab und kommen ziemlich ansteigend über Westheim nach Hohentrüdingen auf über 600m. In Wellen abwärts erreichen Sie Wettelsheim und zum Keller geht es auf der Straße Richtung Treuchtlingen bergan bis zum „Wettelsheimer Keller" und dem exzellenten Märzen der Brauerei Strauß (Vgl.Tour 30).

54

Wettelsheimer Keller-Obermögersheim (27 km)

Zurück über Wettelsheim unterfahren Sie Richtung Graben die Bahnlinie und schwenken ein auf den Altmühltalradweg (AR). Dem folgen Sie bitte bis Ehlheim und fahren sodann – fast immer leicht aufwärts - über Ditters- und Gnotz- bis nach Obermögersheim und zum Gasthaus Zum Brui, dem zuhause der Brui Minna, die in den 80er Jahren des letzten Jahrhunderts mit weit über 80 die älteste aktive Brauerin Deutschlands und eine Institution in Obermögersheim war. Und der noch heute ein intensives Andenken gewidmet ist. (Vgl. auch Höllhuber/Kaul: Frankenalb). Zu Trinken gibt's hier heute das gute Wettelsheimer Bier der Brauerei Strauß.

Brui Minna im Spiegel der Zeit als alte und junge Frau, zudem im gespiegelten Bild (schlechte Fotos, sorry...): mit Gästen in der Gaststube

Alte Flaschenabfüllanlage in Fürnheim

Obermögersheim-Fürnheim (14 km)

Vom Gasthaus Zum Brui radeln Sie auf der letzten Etappe über Wassertrüdingen zurück zur Forstquell Brauerei nach Fürnheim.

Das ist ein großes Haus mit Tradition, einem schönen Biergarten auf zwei Terrassenebenen und einem leckeren Dunklem. Daneben gibt's Helles und Weizen; zu Essen fränkisch-schwäbische Küche, also z.B. Schäuferle oder auch Maultaschen. Sie könnten in schlichten Standardzimmern mit Fernseher, Dusche und WC auf dem Gang ohne Frühstück auch günstig übernachten. Zuletzt für 40,-€. (Vgl. auch Tour 30)

Ade und bis zum nächsten Mal.

17. Von Wertheim nach Marktheidenfeld

Kompass Fahrradkarte 3072 Aschaffenburg, Spessart, Main
Kompass, Fahrradkarte 3073, Würzburg, Maindreieck

© OpenStreetMap contributors

Wertheim-Marktheidenfeld (20 km)
Ein sonntägliches Mittagessen möchte verdient werden: Vom Stadtteil Bestenhaid in Wertheim am Gelände der Schuller-Fabrik über die „Eisenbahn"-Brücke nach Haslach über den Main fahren. Von dort auf der wenig befahrenen Straße entlang des Hasbachtalbaches vorbei an Sägemühlen aufwärts bis nach Michelrieth fast auf der Höhe, dann über die A3 und Kredenbach wieder runter rollen. Über den Main, dann rechts entlang des Ufers. Hinterm Hotel Mainblick links in die Fahrgasse und Sie erreichen das Bräustüble des Martinsbräu. Drinnen wie draußen können Sie gut Speisen und die Biere verkosten. Böfflamott und ein Dunkles sind eine sehr gute Wahl.

Marktheidenfeld-Wertheim (27 km)
Auf dem Mainradweg flußabwärts verlässt muf Marktheidenfeld und kann über zwei längere Mainschleifen und somit über Lengfurt, Triefenstein, Homburg am Main (oben finden Sie die Bräuscheuere, selten geöffnet), Bettingen und Urphar über den Stadtteil Eichel nach Wertheim gelangen. In der alten Grafenstadt mündet die Tauber in den Main, die Einkehrmöglichkeiten sind zahlreich. Vielleicht suchen Sie eine, in der Sie zum Ausklang der Tour das Bier der Spessart-Brauerei, das „Räuberchen", verkosten können.

Die Strecke ist mit 47 km nicht lang, wegen des Aufstiegs am vormittag jedoch nicht ohne Anstrengung. Die Belohnung wartet im Bräustüble. Wohl bekomms.

Quälerei wert: Böfflamott im Bräustüble

18. Von Weiher in die Hassberge

Kompass Fahrradkarte 3082 Bamberg, Haßberge, Steigerwald

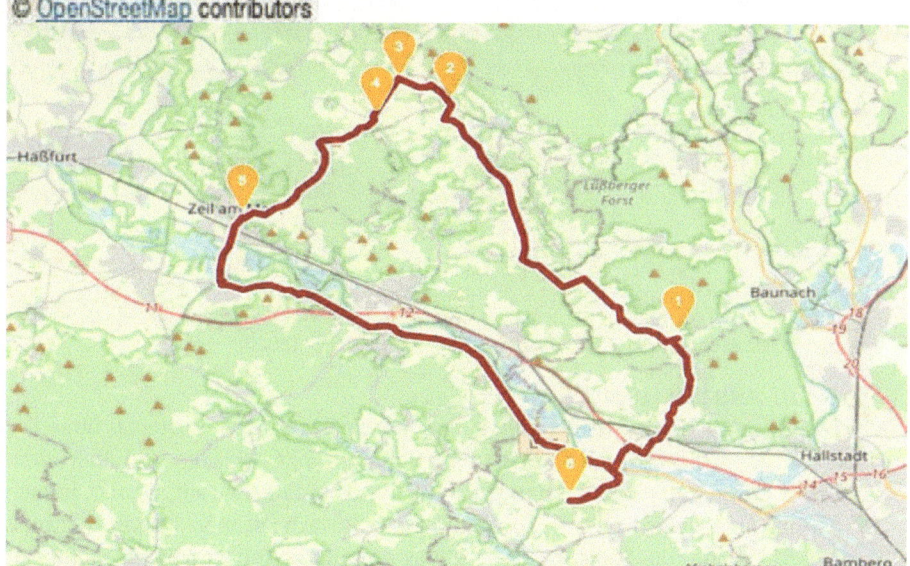

Ein Ausflug in die Hassberge von Weiher (6) über Appendorf (1) und Pettstadt (2) bei Kirchlauter nach Zeil am Main (5) und zurück entlang des Mains über Sand. (58 km)

Weiher- Appendorf (10 km)

Vom Kundmüller in Weiher am Morgen gestartet rollen muf zunächst abwärts nach Viereth, dann links, rechts über die Mainbrücke nach Unterhaid und von dort entweder auf einem Nebenradweg oder über Oberhaid auf der Strasse nach Appendorf zur ehemaligen Brauerei Fößel-Mazour, besser bekannt als „Zum Välta" (Vgl. Tour 22). Das ist ein Kleinod fränkischer Gastlichkeit mit Innenraum und unzähligen Musikinstrumenten, die aber nicht nur Verzierung sind. Ferner hat der Välta einen kleinen Biergar-

Morgens beim Kundmüller

-ten hinter dem Gasthaus. Leider ist er nur sehr eingeschränkt geöffnet, manchmal wenn muf Glück hat, ist der Gastgeber aber vor Ort und dann gibt's auch was zu trinken; seit 2016 ein leckeres Dunkles von der Brauerei Wagner in Kemmern oder Bier vom Adler in Stettfeld. Versuchen Sie einen Besuch, es lohnt in jedem Fall.

Wenn der Gastgeber zuhause ist, wird musiziert – beim Välta (2020)

Appendorf-Pettstadt (15 km)

Vom Välta ortsauswärts rechts radelt muf durch das schöne Lautertal über Lauter, Deushof, Leppelsdorf bis nach Kottendorf. Dahinter links abbiegen und über Kirchlauter erreichen Sie Pettstadt und den Gutshof Andres mit Restaurant, Obacht jedoch am So.: wenn nicht Feiertag ist Ruhetag. Hier gibt's nach eigener Aussage „fränkische Slow-Food"-Küche, die Speisekarte ist etwas ambitionierter, das Essen schmeckt uns jedenfalls. Zu Trinken das übliche Angebot aus Hellem, Dunklen und Weizen.

Pettstadt- Zeil am Main (10 km)

Vom Andres radeln Sie über Koslau und Dörflis bergauf, bergab, zuletzt steil ins Maintal nach Zeil am Main und hier zur Alten Freyung, **Brauerei Göller** mit großem, vielfrequentiertem Biergarten, leckerem Weizen und weiteren Bierköstlichkeiten in Form

von Hellem und Dunklem. Zu essen gibt's hier die ganze Woche Fränkische Spezialitäten.

Zeil am Main-Weiher (23 km)

Vom Göller geht es zurück nach Weiher über den Main und Sand auf dem Mainradweg über Eltmann und Viereth nach Weiher zur vielprämierten und an einem normalen Tag immer sehr gut besuchten Biergarten der Kundmüllers. Zum Trinken empfohlen: das klassische Lagerbier.

Nicht das verschollene Bernsteinzimmer – nur einer der viel wertvolleren Showrooms der Bierkrugsammlung beim Kundmüller

19. Von Viereth ins Gebürg nach Huppendorf

Kompass Fahrradkarte 3096, Fränkische Schweiz, Kulmbach, Bayreuth
Kompass Fahrradkarte 3082 Bamberg, Haßberge, Steigerwald

Viereth-Drosendorf-Schederndorf-Huppendorf-Tiefenellern-Viereth (78 km)

Diese Tagestour ist eine lange...und wegen des Aufstiegs ins Gebürg eine eher anstrengende. Versüßt werden die Mühen durch zwei der lohnenswertesten Einkehrschwünge in der Fränkischen, Schederndorf und Huppendorf (Vgl. Tour 4).

Schloß Seehof in Memmelsdorf

Viereth-Drosendorf (19 km)

Von der Mainlust starten Sie nach links zum Kreisel, dann auf dem Radweg über den Main nach Oberhaid. Fahren Sie über Dörfleins (Brauerei Eichhorn) und Hallstadt auf einem Nebenradweg in den Bamberger Stadtteil Kramersfeld und von über Lichteneichezum Schloß Seehof. Geradeaus durch Memmelsdorf erreichen Sie Drosendorf und die **Brauerei und Gasthof Göller**. Vormittags hat üblicherweise der Biergarten noch zu, Sie können aber manchmal im Hof auf Bänken Platz nehmen und ein helles Lagerbier probieren.

Eines der zahlreichen Angebote von Grassers

Drosendorf-Schederndorf (19 km)

Vom Göller geht es flach auf dem BBT über Strassgiech bis nach Scheßlitz. Durchfahren Sie auf der Straße – nicht so schön – die Kleinstadt. Am Ortsausgang links Richtung Burgellern abbiegen. In Ehrl überqueren Sie die Strasse leicht aufwärts

Chicks schlafen an Stange

nach Burgellern. Jetzt beginnt der unangenehmere Teil, der steile Aufstieg auf das Höhenplateau der Fränkischen. Nach ca. 4 km kommen Sie nach Gräfenhäusling. In der Mitte des Dorfes macht die Strasse einen scharfen Knick nach rechts und von da können Sie gut nach Schederndorf und zur **Brauerei Will** rollen (Vgl. Tour 4, 6). Neben einem sehr süffigen und beliebten dunkleren Lager bietet der Will im Biergarten Brotzeiten. Herausragend und empfehlenswert ist der Ziebeleskäs.

Schederndorf-Huppendorf (9 km)
Vom Biergarten der Wills radeln Sie zunächst zurück und von dort erst links, dann rechts aus dem Ort leicht hoch zur Landstrasse. Diese wird überquert und Sie befinden sich im besten Fall auf einem gut geteerten Flurweg, der Sie bald unter der A70 und weiter bis nach Steinfeld (Brauerei Hübner, Tour 4) führt. In Steinfeld nehmen Sie aufwärts die wellige Strasse nach Königsfeld. Hier, wenn Sie oben erst links abgebogen sind, biegen Sie unten scharf rechts ab. Am Ortsausgang auf der Höhe des Sportplatzes auf die Strasse nach Poxdorf zuhalten, um ca. 200m danach links auf einen Flurweg zu fahren. Sie sehen Huppendorf bereits und nach ca. 1 km durch Felder erreichen Sie den **Brauereigasthof Grasser.** Im Biergarten im Hof gibt's ein kassisches Dunkles, daneben Helles und Weizen. Zu Essen tagsüber Brotzeiten und kleinere Gerichte, empfehlenswert hier der Zwetschgenbames. Groß aufgekocht wird üblicherweise erst am Wochenende oder an Feiertagen.

Huppendorf- Tiefenellern (8 km)
Vom Grasser rechts und nach ca. 50 Metern links hoch auf die Nebenstrasse nach Poxdorf. In Poxdorf erst kurz rechts Richtung Ludwag und unmittelbar hinter dem Ortsschild links auf einen Flurweg. Es geht spürbar hoch. Der Weg führt Sie am Butzenberg und den zahlreichen Windrädern vorbei bis zur Straßenkreuzung. Geradeaus abwärts rollen Sie in Serpentinen den Tiefenellerner Berg nun hinab bis zur **Brauerei Hönig Gasthof zur Post.** Im Biergarten am Hang hinter dem Aus schmeckt ein Lager, das Posthörnla, gut, viele schwören auch auf das Pils der Hönigs. (Tour 3)

Tiefenellern-Viereth (23 km)
Auf der letzten Etappe heißt es zunächst durch das Ellerbachtal über Lohndorf (Brauerei Hölzlein) nach Litzendorf zu radeln. Wir sind auf dem BBT bzw. „Höhenweg Fränkische Schweiz" (HFS). Folgen Sie der Beschilderung des HFS durch Pödeldorf und den Wald und Sie kommen an eine Hauptstrasse, die Sie nach Bamberg bringt. Basteln Sie sich durch Bamberg, über den Main-Donau-Kanal und die Regnitz auf die „Steigerwaldseite" und Sie erreichen im Stadtteil Gaustadt wieder den MR, der Sie dann über Bischberg zurück nach Viereth und zum **Brauereigasthof Mainlust** zurückbringt.
Schön war er, der Besuch im Gebürg.

20. Destination Meinels Bas – Von Culmitz im Selbitztal nach Hof

ADFC Radtourenkarte, Blatt 18 Oberfranken, Vogtland

Leaflet | Map data © OpenStreetMap contributors (ca. 50 km)

Culmitz-Hof (ca. 25 km)

Vom Landgasthof „Zur alten Mühle" in Culmitz bei Naila gestartet geht die wilde Fahrt zunächst ca. 1 km aus dem Ort rechts leicht hoch weg auf den Radweg Richtung Naila, der eine alte Bahntrasse ist und prima geteert bis Naila rollt. Hier auf den Radweg kehrenhaft nach Selbitz/Hof einbiegen. Gefühlt geht es irgendwie wieder in die fast gleiche Himmelsrichtung zurück, aber nur fast. Auch in Selbitz ist es ein wenig irritierend, Sie sind jedenfalls richtig, wenn Sie einen Weg nach Hof gefunden haben, meiner führte entlang der Straße hoch nach rechts unter der A9 durch bis Brunn, von da nach

Impressionen vom Meinel Bräu

62

Ködnitz, vorbei am „Abfallzentrum" nach Neuködnitz und dann abwärts durch die Peripherie vom Hof bis zur Saale nach Unterkotzau. Hier nicht die Saale überqueren, sondern entlang des Flusses auf der rechten Seite bin nach Hof downtown selbst und in die Vorstadt 13 zum großen Biergarten auf die Wiese der **Meinels Bas** (Hof: auch Scherdel Bier, gehört zu Kulmbacher, die zu Paulaner gehören). Der große und beliebte Biergarten wartet mit leckeren Speisen und mit allerlei Gebräu auf. Zu empfehlen finde ich das Dunkle; und als helle Alternative das Zwickel. Wer es nicht so traditionell schlicht mag, dem/der sei angeraten, mal ein leichtes Rauchbier namens „Mephisto" zu proBieren; die Meinels/Hansens bieten einige Biere mehr. Die Brauerinnen sind bekannt und experimentierfreudig.

Entlang des Weges auf der alten Bahntrasse - von Culmitz nach Selbitz

Hof-Culmitz (ca. 25 km)

Aus Hof raus führt ein Radweg (nicht über Unterkotzau) zurück nach Ködnitz. Wenn Sie jetzt der Radwegbeschilderung folgen, geht es nicht über Brunn, sondern können durch Feld und Wald auf ungeteerten, dafür aber nicht befahrenen Wegen bis nach Stegenwaldhaus, wiederum unter der Autobahn durch und sodann sehr schön links weg über Rothenbürg nach Selbitz kommen. Wenn Sie von Selbitz auf der alten Bahntrasse fahren, sind Sie fein raus und entspannt.

Wenn Sie wie ich entweder Neuland brauchen bzw. nicht richtig Karten lesen können, dann suchen Sie bitte die Straße nach Marlesreuth. Nach Marlesreuth geht es wie so oft im Frankenwald ordentlich hoch. Oben nach ca. 4 km im Ort rechts weg, direkt über eine Straße, dann auf einen Flurweg, der als Holztransportweg missbraucht wird, abwärts bis zur „Bahntrasse" und dann wieder ca. den 1 km zurück nach Culmitz und zum Gasthof „Zur alten Mühle". Hier gibt's Speis und Trank (vorher anrufen und klären). Muf kann übernachten bei solider Speisekarte und Mönchhof Hellem. Alles gut, aber wie so oft in letzter Zeit, eingeschränkte Gasthofzeiten.

Das ist eine schöne Tagestour mit lohneswertem Ziel. Wem dies zu wenig Radfahren, oder weil Hin-und Rückweg nahezu gleich sind, als wenig ambitioniert oder abwechslungsreich erscheint, kann auch z.B. in Fattigau, Schloßbrauerei Stelzer starten; über Münchberg (Brauerei Hopfenhäusla, schwierige Öffnungszeiten) und Helmbrechts (oder Konradsreuth, Kannerheißer Brauhaisla, Pensionsbetrieb, aber ebenfalls mit schwierigen Öffnungszeiten) nach Culmitz reisen, dort übernachten und über Hof entlang des Saaleradwegs zurück nach Fattigau fahren. Es sind dann in Summe ca. 75 km.

21. Viel Neues im Kulmbacher Land: Von Metzdorf nach Kasendorf

Kompass Fahrradkarte 3096 F
Fränkische Schweiz, Kulmbach, Bayreuth

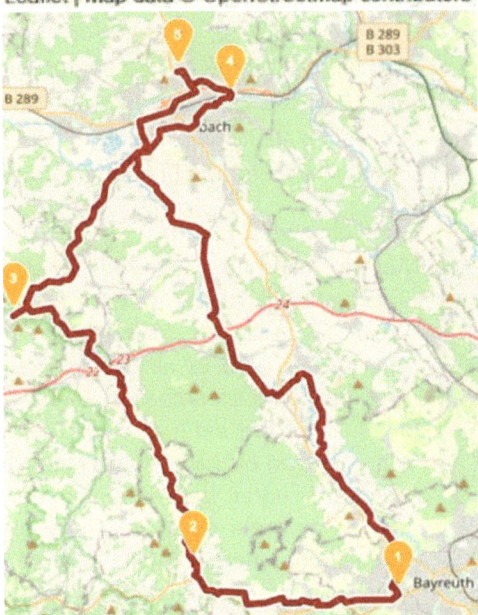

Metzdorf (5)-Bayreuth-Kasendorf (3)-Kulmbach (4)-Metzdorf (72 km)

Metzdorf-Bayreuth (33 km)

Vom Gasthof Gründla in Metzdorf (5) aus geht's los. Suchen Sie einen Radweg nach Melkendorf und von da geht es Richtung Bayreuth auf dem Burgenstrasse Radweg entlang des Roten Mains über Unter- und Oberzettlitz bis nach Alt- und Neudrossenfeld (Bräuwerk, neu). Über Altenplos und Heinersreuth kommen Sie nach Bayreuth. Hier könnten Sie in die Innenstadt fahren, oder so wie ich zum **Becher Bräu** in der St.Nikolausstraße; ganz nah, 100m, im Eichelweg alternativ der Biergarten vom **Glenk-Bräu**. Der 2016 unter anderer Leitung wiedereröffnete Glenk-Bräu ist „neu". Zu trinken im Becher Bräu ein „Kräußenpils" oder ein helles Lager, das „Stadtbier". Fränkische Speisekarte und nahezu komplett. Gefühlt fehlt bis auf die blauen Zipfel kein Klassiker.

Bayreuth-Kasendorf (18 km)

Vom Becher Bräu radeln Sie stadtauswärts teilweise gut steil nach Eckersdorf und weiter rauf nach Oberwaiz. Über Simmelbuch und Pleofen mühen Sie sich dann nach Limmersdorf, dem Ort mit der berühmten Tanzlinde und der möglicherweise unter den Dasigen noch bekannteren „Pöhlmann`sche Gastwirtschaft zur realen Schankgerechtigkeit", ein Haus, nein eine Bar...jedenfalls gibt's für kleineres Geld gut zu Essen und zu trinken. Von Limmersdorf radeln Sie sodann nach Thurnau und von hier vorbei am Golfplatz auf der „Bahnradtrasse Katschenreuth – Thurnau" nach Kasendorf. Im Zentrum an der Bamberger Str. liegt der Gasthof Grüner Baum mit Biergarten und Übernachtungsmöglichkeiten in FW`n. Spannend neu ist der **Magnus Bräu** der Familie Groß, Wiedergründung im Jahr 2023.

Großartig: Magnus-, seit `23

Magnus Bräu Biere:
Ein Märzen und ein „Grünhopfenpils".

Kasendorf-Kulmbach (17 km)

Vom Magnusbräu retour auf den Bahntrassenweg und es geht wunderbar bis nach Katschenreuth. Dahinter radeln Sie über Melkendorf nach Kulmbach. „Umrunden" Sie unten fast den Berg der Plassenburg und am Weißen Main in der Strasse am Grünwehr erreichen Sie den **Kommunbräu**. Die sind nun nicht so neu in der Bierstadt Kulmbach, aber die als Genossen organisierten Newcomerbrauer. Das Bier schmeckt fei gut, schon immer. Neu in `24, tobt jedoch ein „Bierkrieg" zwischen der Genossenschaft und der Pächterin der Gaststätte. Schauen wir mal, ob und wie es weitergeht...

Kulmbach-Metzdorf (3 km)

Zurück vom Kommunbräu sind es nur noch ca. 3km zum Stadtteil Metzdorf und zur **Gasthausbrauerei zum Gründla**. Hier wird im Traditionshaus seit 2015 auch Bier gebraut, und zwar ein Edeltrunk und ein Pils namens

Radweg zw. Neudrossenfeld und Altenplos

Hopfentrunk. Beides ist eine Probe wert, der Gasthof mit Speis und Trank, Übernachtungsmöglichkeit in FW`n sowieso.

Geben sich einen Ruck, riskieren Sie Neuland.
In Metzdorf, Neudrossenfeld und Kasendorf gibts neue Kleinbrauereien zu proBieren. Auf dem Rad ist der Weg nach Bayreuth teilweise schön. In jedem Fall ist die alte Bahntrasse zwischen Thurnau und Katschenreuth alleine aber schon einen Ausflug ins Kulmbacher Land wert.
I hope you will enjoy it...

Tanzlinde in Limmersdorf

II. Mehrtägige Rundtouren

22. Rund Bamberg
Kompass Fahrradkarte 3082 Bamberg, Haßberge, Steigerwald

Hirschaid-Schönbrunn-Baunach-Ebing-Hirschaid (158 km)

©2015 MapQuest - "Map data © OpenStreetMap and contributors.

Dies ist eine viertägige gemütliche Tour, die Sie ohne weiteres auch in drei oder sogar zwei Tagen fahren können.

Tag 1 Von Hirschaid nach Schönbrunn (28 km)
Hirschaid-Reundorf (7 km)
Nach vormittäglicher Anreise und einer Brotzeit vom Parkplatz hinter der Brauerei Krauss um die Mittagszeit (13.30) durch den Biergarten rechts hoch über die Brücke auf den Fahrradweg entlang Sassanfahrt fahren, unter der B505 in Erlach geradeaus, und dann links auf die „Fürstbischöfliche Tour" (FT). Nach ca. 2km rechts auf einen Flurweg auf den Mainberg. Der Weg führt zunächst in einem weiten Bogen links hoch durch einen – bis auf mein Schnaufen – ruhigen Wald auf die Höhe. Von oben auf un-gefähr halber Strecke abwärts liegt am Rand des Waldes der große und am Sonntag gut besuchte Keller der **Brauerei Müller**, Reundorf. Neben den üblichen Brotzeiten und Kuchen bietet der Müller ein helles Kellerbier.

Reundorf-Untergreuth (5 km)
Von dort auf der Fahrstrasse abwärts bis Reundorf. Im Ort auf Höhe der Kirche nach links auf die „Brauerei- und Bierkeller-Tour" (BBT). Vorbei an Sportplätzen bis zur

Kreuzung der Strasse nach Frensdorf. Dort kurz rechts und dann wieder links Richtung Untergreuth. Es geht schwach bergauf, vorbei an einem kleinen See zur rechten Hand, erreicht muf nach weiteren ca. 2 km im Ort links die **Brauerei Büttner**, Untergreuth. Der Büttner hat nur am Wochenende geöffnet, ist eher eine Landwirtschaft mit kleinerer Brauerei und es wird ein leckeres helles Lager ausgeschenkt.

Untergreuth-Grasmannsdorf (8 km)
Von dort zunächst wieder kurz bis zum Ortsausgang zurück, dann rechts auf einen Flurweg, der zuerst eben, nach kurzer Strecke leicht abwärts nach Vorra führt. In Vorra auf dem BBT über Unter- und Oberharnsbach, die B22 nach Bamberg überqueren, Richtung Grasmannsdorf, am Ortseingang rechts und in ca. 50 Meter Entfernung linker Hand zur **Brauerei Kaiser**. Sehr empfehlenswert, draussen auf der Bank unter einer großen Kastanie ist das Weizen, das von Mai bis September im Angebot ist und vorzüglich schmeckt; daneben ein helles, pilsartiges Bier ausgeschenkt. (Tour 2, 26)

Grasmannsdorf-Ampferbach (4 km)
Erneut nur ein kurzer Weg bis zur nächsten Einkehr. Vom Kaiser zurück rechts auf die Strasse nach Burgebrach über die Rauhe Ebrach mit den sieben Brückenheiligen, knapp 1km rechts auf einen Flurweg einbiegen, dem bis zum Ortseingang von Ampferbach ca. 2km folgen, dann rechts ca. 200 m die Strasse Richtung Burgebrach hoch. Dort liegt der schattige Keller der **Brauerei Herrmann**. Der Keller (Tour 1) ist bei schönem Wetter am Wochenende geöffnet, unter der Woche ist das Gasthaus in Ampferbach Anlaufpunkt. Neben dem Keller liegt ein weiterer, der Max-Keller (selten geöffnet, früher – vor 2006 - hat der „Max" selbst gebraut, heute wohl nicht mehr?). Der Herrmann bietet ein klassisches Kellerbier.

Ampferbach-Schönbrunn (4 km)
Von dort abwärts zurück nach Ampferbach, im Ort links auf die Strasse nach Schönbrunn. Es geht ganz leicht bergauf – mit einigen halben Gerstensaft wie heute kommt einem die Strecke jedoch vor wie ziemlich bergan -, über Niederndorf erreicht muf nach sehr kurzer Fahrtzeit den Zielpunkt der heutigen Etappe, die **Brauerei Wernsdörfer** (braut nicht mehr selbst) in Schönbrunn. Hier kann muf in (nur) zwei Doppelzimmern mit Standardqualität übernachten, das Essen ist gut und reichlich, das Bier in Ordnung. In Schönbrunn gab es früher auch noch die Brauerei und Gasthof Bähr, geblieben ist ein schattiger Keller, der durchaus einen Besuch lohnt, zum Essen empfehle ich jedoch den Wernsdörfer. Die Wirtsleute sind sehr nett, es gibt eine Unterstellmöglichkeit fürs Rad. Alles in allem eine vergleichsweise kurze Fahrtstrecke (28 km); häufig unterbrochen durch lohnenswerte Einkehrschwünge. Es ist 18.30. In Summe braucht es ca. 5 Std., davon ist gefühlt deutlich mehr als die Hälfte Sitzzeit, insofern gut geeignet für einen späten Start. Ein schöner, gemütlicher Sonntagnachmittag.

Beim Wernsdörfer

Tag 2 Schönbrunn-Baunach (42 km)

Schönbrunn-Priesendorf (10 km)

Auch dieser Tag sieht nur eine kürzere Fahrstrecke vor, kann aber alternativ verlängert werden. Von der Brauerei Wernsdörfer gegen 9.00 gestartet, führt der Weg zunächst

Lisberg

auf der Strasse Richtung Zettmannsdorf. Noch im Ort rechts auf die Strasse nach Grub einbiegen. Es beginnt ein kurzer, fieser Anstieg. Hinter den Wohngebietsausläufern

68

von Schönbrunn geht die wenig befahrene Strasse hoch bis in ein Waldstück, dann kurz abwärts nach Grub. Am Ortsausgang wieder hoch bis auf die Höhe vor Steinsdorf, dann bergab auf dem BBT nach Lisberg. Die Strasse führt durch den Ort, vorbei an der imposanten Burg. Ca. 200 m hinter dem Ort geht es links auf einen geteerten Feldweg. An den Weihern von Trabelsdorf links halten, durch das noch verschlafene Neuhausen, dann rechts auf die Strasse und an der Kreuzung links.

Schon ist man in Priesendorf. Nach rund 1km aufwärts im Ort erreicht muf links die **Brauerei Schrüfer**. Dort wird ein helles Lager ausgeschenkt. Im Biergarten hinter dem Gasthof ist es gemütlich – nachmittags ab 15.00, nur am So ab 10.00, aber der Weg ...und der Berg...ruft.

Priesendorf-Oberhaid (18 km)
Nach einem Frühschoppen im Ort rechts Richtung Lembach abbiegen. Da beginnt allerdings eine eklige, schweißtreibende Rampe, der man bis auf die Höhe folgt. Heute jedoch gilt es auf der Höhe über Lembach auf einen (eher schlecht befahrbaren) Feldweg links abzubiegen, diesem rund 2 km zu folgen, bis man auf einen Flurweg (der 2. Abbiegung) rechts steil bergab nach Weissbrunn fahren kann. (In Trossenfurt: Brauerei Roppelt)

Von hier geht es rund 4 km bergab ins Maintal bis nach Dippach. Hier rechter Hand auf den Mainradweg (MR). (Alternative: links über Eltmann, die Mainbrücke nach Ebelsbach, dort rechts nach Stettfeld (Adler Bräu), von dort über die Kuppe durch den Wald nach Deushof, rechts nach Lauter und dann nach Appendorf, <ehemalige> Brauerei Fößel-Mazour, von dort nach Baunach). Von Dippach über Rosstadt und Trunstadt bis zum Ortseingang von Viereth (Brauerei Mainlust), über die Mainbrücke nach Unterhaid, vor dem Ort, rechts auf den Radweg parallel zur Autobahn bis auf die Höhe von Oberhaid, dann kurz auf dem BBT in die kleine Stadt, die **Brauerei Wagner** (Sommerkeller am Ortsausgang, geöffnet nach 14.00) liegt im Zentrum an der Hauptstrasse nach Hallstadt. Der Gasthof schenkt ein Helles aus. Es gibt einen größeren, wie mir scheint tagsüber eher leeren Gastraum, der nur von Einheimischen frequentiert wird, davor nur eine kleinere Terrasse.

Oberhaid-Kemmern (8,5 km)
Von der Gaststätte rechts der Strasse folgen, am Ortsausgang auf den BBT nach Dörfleins. (Im Sommer schenkt der Wagner sein Bier ab dem nachmittag, 14.00, auf seinem Keller - Richtung Dörfleins - am Ortsausgang links hoch aus) Es geht nach Dörfleins und dort auf die Strasse. Kurz vor der Mainbrücke nach Hallstadt links auf einen zunächst geteerten Fahrweg einbiegen. Diesem folgen, auch wenn der Weg sich später bis auf Wanderwegbreite verjüngt, nicht der MR ist, und teilweise nicht gut befahrbar ist. (alternativ über die Mainbrücke, dann auf dem MR links um Hallstadt herum bis nach

Trabelsdorfer Weiher

Der Hannlakeller der Brauerei Wagner aus Oberhaid

Kemmern - Brauerei Wagner im Ort - fahren) Auf diesem Wanderweg entlang des Mains bis auf die Höhe von Kemmern fahren, auf dem nun wieder etwas breiteren Flurweg bleiben, nach ca. 500m liegt links oben am Hang der Keller der **Brauerei Wag-**

ner, Kemmern. Hier gibt es bei gutem Wetter ab 16.00 ein klassisches Kellerbier und die üblichen Brotzeiten, der Blick geht weit über das Maintal.

Kemmern-Baunach (5 km)
Vom Keller kurz den Hang runter zurück links auf den Flurweg. Dieser führt weiter durch den Wald auf schmalem Wanderweg und mündet kurz vor Baunach auf die B279. Diese ist viel befahren, aber man ist bereits im Ort. Am hinteren Ende, an der Strasse liegt rechts die **Brauerei Sippel** und damit das Ende der Etappe. Es ist 17.30, die Fahrtzeit beträgt – wiederum mit vier Einkehrschwüngen – ca. 8 Std. Die Strecke ist mit rund 42 km eher kurz. Essen und Trinken (seit 2010 Biere der Brauerei Keesmann, Bamberg) ist gut. Übernachtung im Ort etwa in Ferienwohnungen, oder in Breitengüßbach oder in Hallstadt möglich.

Tag 3 Baunach-Ebing (52 km)
Baunach-Mürsbach (10,5 km)
Von Baunach – Start gegen 9.00 – auf dem „Burgenstrasse Radweg" (BR) Richtung Rattelsdorf, über Daschendorf nach Höfen. Von Höfen auf dem BR bleibend entlang des wunderschönen Tals der Itz auf kaum befahrener Strasse über Freudeneck (Brauerei Fischer) und Zaugendorf zum **Sonnenbräu** nach Mürsbach (Tour 13, 26). Dort gibt es im Biergarten ein helles Lager, und seit einigen Jahren nun auch ein Kellerbier.

Sonnenbräu Mürsbach

Mürsbach-Herreth (Nedensdorf) (13 km, (16 km))

Vom Sonnenbräu weiter durch das Itztal entlang des Flusses über Rechelbach bis zur Kreuzung vor Untermerzbach, dort über die Brücke nach Kaltenbrunn (Brauerei Schleicher). Die Bundestrasse am Ortsausgang überqueren und auf den Radweg Richtung Gleußen. Nach wenigen hundert Metern auf den „Thermenradweg" (TR) rechts einbiegen. Der geteerten Strasse an einem größeren Bauernhof vorbei ca. 2 km folgen, dann links abbiegen und bergan bis zur Strasse nach Herreth fahren. Nach der Einmündung auf die Strasse geht es noch ca. 1 km leicht bergan. Auf der Höhe liegt das Herreth, rechter Hand ist der Brauereigasthof Stirnweiß. Um 2012 ist der Gasthof noch bewirtschaftet, es gibt jedoch nur Brotzeiten. Bier wurde von der Staffelbergbräu aus Loffeld ausgeschenkt. 2014 hatte es sogar noch gebrannt, 2019 wird wieder gebraut, der Sohn der Familie Stirnweiß führt den Betrieb und die Gaststätte fort; Öffnungszeiten siehe website, für 2024 ist jedoch ausgewiesen, dass der Gasthof geschlossen ist?

Alternative Varianten: von Kaltenbrunn auf dem TR bleiben, über Draisdorf bis auf die Höhe am Hang des Eierbergs, dann abwärts nach Wiesen und dort entweder bei der Brauerei Hellmuth oder der Brauerei Thomann (Vgl. z.B. Tour 13) einkehren. Eine weitere Option ist es, statt in Herreth zu rasten bis nach Nedensdorf zur **Brauerei Reblitz** zu fahren; öffnet jedoch außer Sonntag immer erst gegen 16.00 nachmittags).

Herreth-Loffeld (12 km)
Von Herreth geht es nach kurzer Strecke über die Strasse abwärts Richtung Kloster Banz. Nach ca. 3 km rechts abbiegen abwärts nach Nedensdorf (Brauerei Reblitz). Dort links auf einer Flurstrasse nach Unnersdorf, rechts über die Mainbrücke nach Staffelstein. Die Stadt auf dem TR durchfahren, unter der Autobahn durch, vorbei am malerischen Ort Horsdorf nach Loffeld zum **Staffelbergbräu**. Beim „Zwerg" (auf dem Bierdeckel abgebildet) gibt es ein kräftiges, sehr schmackhaftes Dunkles. Sollte der Staffelbergbräu zu haben, könnten Sie alternativ noch bis nach Stublang zur Brauerei Hennemann oder zur Brauerei Dinkel radeln. Auch in Horsdorf auf der Strecke gibt's eine Einkehrmöglichkeit, Gasthof Alte Mühle.

Loffeld-Ebensfeld (8 km)
Von Loffeld nach Ebensfeld über Pferdsfeld ist es nicht weit. Muf fährt zunächst zurück nach Horsfeld. Im Örtchen links halten bis man auf einen geteerten Radweg kommt, der ca. 1km flach durch Felder führt. Dann wieder unter der Autobahn durch. An einer Kreuzung kleinerer Strassen links Richtung Pferdsfeld abbiegen. Von da die Strasse nach Unterneuses (Brauerei Martin) nehmen. Von dort über die Strasse oder über Feldwege noch ca. 3 km bis nach Ebensfeld rollen. Das **„Ebensfelder Brauhaus"** befindet sich an der Hauptstrasse. Man kann an einigen Tischen an der Strasse sitzen oder in einem Durchgang zum Hof. Das Bier ist ein sehr Dunkles, fast Schwarzes. Das Brauhaus hat auch einen Keller, der unter der Woche nach 16.00 geöffnet ist.

Ebensfeld-Ebing (9 km)

Das letzte Stück der Etappe führt von Ebensfeld über den Main-Radweg entlang der Bahnstrecke über Oberleiterbach nach Zapfendorf. Dort macht der MR einen Knick nach rechts. Ca. 2 km weiter knickt der Weg wieder nach links und erreicht Ebing nach weiteren ca. 2 km den **Schwanenbräu**. Im Ort findet man den Brauereigasthof ungefähr nach 500 Metern, in dem man zuerst auf der Hauptstrasse leicht abwärts, und dann rechts auf einen kleinen alleenartigen Platz einbiegt und nach rund 100 Metern links. Es ist 18.00 Uhr; die Fahrzeit beträgt mit großzügigen Pausen rund 9 Std., die Strecke führte über 52 km und beschreibt eine schöne Schleife durch das Itz- und das Maintal.

Der Schwanenbräu selbst bietet ein sehr gut trinkbares exzellentes dunkles Bier, einen überdachten Innenhof und gutes Essen bei kleiner Karte. Die Übernachtung (es gab 2014 7 Betten in drei Zimmern war allerdings - damals - eher rustikal, dabei aber günstig, um 20,-€. In 2024, so die website ab 33,-€ mit Frühstück). Bitte rufen Sie in jedem Fall vorher dort an. Mehr als wettgemacht wird der eher spärliche Komfort durch zwei sehr freundliche Wirtsdamen, Mutter und Tochter, die fürsorglich neben natürlicher Herzlichkeit Speis und Trank für ihre Gäste bereitstellen.

Tag 4 Ebing-Hirschaid (36 km)
Ebing-Schesslitz (12 km)
Um 8.30 vom Schwanenbräu gestartet, geht es zunächst vorbei am Ebinger See, unter der Autobahn durch auf die Strasse Richtung Breitengüssbach. Nach nur wenigen hundert Metern führt ein Weg links – ziemlich steil – hoch. Dieser steigt schnell aus dem Maintal auf eine Höhe von über 300 Metern an, führt zunächst durch Wald und erreicht nach ca. 4 km nach der Abbiegung Sassendorf. Von dort geht es weiter bergan auf der Strasse Richtung Roth. An der Strassenkreuzung rechts nach Windischletten einbiegen. Bis dorthin steigt die Strasse aus dem Maintal mehr oder minder an, ab da geht es abwärts nach Schesslitz. In Scheßlitz selbst gibt es mehrere Brauereien (auch Schmitt), als Gaststätte geführt wird die Brauerei Drei Kronen, ab 17.00 geöffnet, also am vormittag noch geschlossen, wie eigentlich alles im Ort, bis auf den Rewe. Das Bier ist ein Helles, pilsartiges. Schesslitz könnte schön sein, ist in meiner Wahrnehmung aber bloß eine Ansammlung von eingerußten Häusern um eine stark befahrene Durchgangsstrasse.

Schesslitz-Drosendorf (6 km)
Zurück durch den Ort, Richtung Bamberg, schon vor dem Ortsausgang rechts auf einen ruhigen Fahrradweg, der „Fürstbischöfliche Tour" (FBT) entlang des Leitenbach. Über Strassgiech erreicht muf nach ca. 7 km Drosendorf und hier auf der linken Seite der Strasse die **Brauerei Göller**. Diese hat einen schönen – allerdings erst am nachmittag geöffneten – Biergarten; davor im überdachten Hof sitzt es sich jedoch fast genauso gut. Das Bier ist lecker. Die Frage nach dem Weg nach Meedensdorf beantwortet die

Wirtin überaus korrekt mit „an der Kirche links hoch…das ist kürzer als über Memmelsdorf".

Drosendorf-Rossdorf am Forst (12 km)

Ist es auch, aber mal wieder geht es kurz heftig bergan. In Meedensdorf auf der Strasse nach Schammelsdorf bleiben (Brauerei Knoblach, bitte nicht wie ich verwechseln mit dem gleichnamigen Gasthaus), von dort nach Litzendorf. Den Ort durchfahren und auf der Strasse nach Geisfeld erneut einen Hang hoch. Oben geht es rechts auf einem Fahrradweg zunächst bergab, dann leicht bis nach Geisfeld wieder aufwärts. In Geisfeld durch den Ort Richtung Bamberg, ca. hundert Meter nach der Kreuzung links an der Brauerei Griess vorbei auf einen geteerten Flurweg einbiegen. Dieser führt am Griesskeller vorbei als Radweg abwärts bis zum Sportplatz von Rossdorf, dann rechts auf die Strasse, gleich noch mal rechts und nach ca. 200 Metern und einer letzten Biegung nach links, steht man vor der sehr einladenden **Brauerei Sauer**. Im Biergarten sitzt es sich schattig wie sonnig, das Essen ist − auch unter der Woche − vielfältig, reichlich, gut und günstig; das Bier, Helles wie Dunkles mundet. Alles in allem immer eine sehr gute Wahl für eine Mittagspause.

Rossdorf-Hirschaid (6 km)

Vom Sauer kurz zurück in die Nähe des Sportplatzes. Dort geradeaus − ja, schon wieder − den Hang auf einem geteerten Flurweg hoch Richtung Wernsdorf. Dort nach rechts Richtung Amlingstadt. An der Kirche links auf die Strasse nach Hirschaid. Ich sage es nicht gerne…aber es geht rund 1 km leicht bergan, dann abwärts unter der A73 durch und nach weiteren ca. 2 km erreicht muf die Ausläufer der „Megapolis" Hirschaid, in deren Wohngebietssträßchen muf sich prima verfahren kann. Den Ort irgendwie durchfahren, unter der Bahn durch, rechts halten und an der Hauptkreuzung auf die Strasse Richtung Pommersfelden kommen. Vor der Brücke über den Main-Donau-Kanal liegt rechts die **Brauerei Krauss** - Start und Zielpunkt der mehrtägigen Rundfahrt. Heute ging es bergauf, bergab und später durch welliges Gelände. Es ist 14.30. Für die letzte Etappe habe ich mit 3 Pausen rund 6 Std. gebraucht. Die Strecke betrug 36 km. Insgesamt führte die Rundtour über vier Tage, davon 2 „halbe" am Anfang und am Ende, die sowohl eine Anreise als auch eine Abreise an diesen Tagen noch ermöglichen. Die Gesamtstrecke ist mit nur 158 km eine der kürzeren und gemütlicheren; also diesmal insgesamt mehr eine Tour, die deutlich den Ess- und Trinkgenuss denn die Fahrradkilometer in den Vordergrund stellt.

Unter der Woche ist es - in 2024 - jedoch deutlich schwieriger geworden, vormittags-geöffnete Gasthäuser zu finden. In jedem Fall können Sie in Roßdorf einkehren, und das lohnt immer.

23. Mit viel Wiesent

Kompass Fahrradkarte 3082 Bamberg, Haßberge, Steigerwald;
Kompass Fahrradkarte 3096, Fränkische Schweiz, Kulmbach, Bayreuth

Das ist eine 4-Tagestour mit drei Übernachtungen durch den Steigerwald, das Maintal und die Fränkische Schweiz. Sie geht in Summe über 194 km und führt über einige Berge und insbesondere durch das Tal der Wiesent.

Egloffsteinerhüll-Schönbrunn-Stublang-Breitenlesau-Egloffsteinerhüll (194 km)

Tag 1 Egloffsteinerhüll-Schönbrunn (54 km)
Egloffsteinerhüll-Leutenbach (6 km)
Egloffsteinerhüll ist ein kleiner Ort über der Stadt Egloffstein. Vom Parkplatz des Gasthofes Polster bin ich gegen 12.00 an einem Sonntag gestartet. Zunächst auf der Straße nach Leutenbach über Hundsboden geht es wellig dahin, bis es auf der Höhe von Seidmar steil bergab geht. Bei der Kapelle St.Moritz links abbiegen und unterhalb der Kapelle auf einem Waldweg fahren, der Sie auf der Straße nach Leutenbach bringt. Das Wahrzeichen der Fränkischen, das Massiv des Walberla thront majestätisch am Gegenhang An der Kreuzung rechts duch den Ort bis wiederum rechts der Brauereigasthof **Drummer** zu einer ersten Pause mit einem Dunklen lockt. (Vgl. Tour 9)

Leutenbach- Stiebarlimbach/Kreuzberg (23 km)
Vom Drummer zurück, Richtung Mittelehrenbach, vorbei links am Braugasthof Alt führt die Strasse zunächst Richtung Schlaifhausen. An einer Stelle, wo mehrere Wege

links weggehen, den schräg rechts nach Gosberg abfahren. Von dort auf der Strasse vorbei an der Bahnhaltestelle Pinzberg rechts nach Siegritzau und weiter bis an den Stadtrand von Forchheim. Jetzt auf dem „Burgenstraße-Radweg" (BR) in die Stadt einfahren, auf Höhe der Sportplätze links bis zum großen Platz am Pfalzmuseum und von da links über die Autobahn und den MD-Kanal auf die andere Seite in den Stadtteil Burk. Knapp einen Kilometer auf der B470 fahren, dann geht es rechts ab und leicht aufwärts. Viele Wege führen durch den Staatsforst „Untere Mark", allen ist gemein, dass sie rund 80 Höhenmeter ansteigen. Gut ist es, wenn Sie auf dem Weg durch den Forst an der „Frankenmarter" und wenig später bei „Sechs Eichen" vorbeikommen. Dann sind Sie richtig und oben angelangt und können wiederum verschiedene Wege leicht nach links nehmen, die nach ca. 3 km hoffentlich in Willersdorf enden. Von da durch den Ort über die Aisch die Strasse nach Stiebarlimbach, **Brauerei Roppelt**, einschlagen. Der großräumige Keller liegt rechts der Strasse hinter Fischweihern. Zu Trinken ein helleres Kellerbier. Wer sich mal die Beine vertreten möchte, oder weil ggf. So. ist und der Roppelt zu hat, kann hinter dem Keller durch den Wald zu Fuß auf den Kreuzberg und dort gleich drei Brauereien im Angebot finden. Zuerst erreichen Sie den **Rittmayerkeller**, in der Mitte liegt etwas nach unten der **Lieberth-Keller** und links am Ende der Friedel-Keller, heißt nach Umbau jetzt **Brauhaus am Kreuzberg**.

Stiebarlimbach/Kreuzberg-Burgebrach (20 km)
Über Greuth, Zehntbechhofen und Schweinbach fahren wir bis zu einem Weiler mit Namen Wind. Dann links auf den Radweg nach Pommersfelden und dort vorbei am Wasserschloß auf die Strasse nach Steppach. Durchqueren und am Ortsausgang links – am Märzensee vorbei - nach Unterköst. Über Hirschbrunn geht die Strasse nach Treppendorf. Hier rechts auf die Strasse nach Burgebrach einbiegen. Es geht im Wald bergan. Wenn der Wald nach ca. 2 km endet, ist muf am Ortseingang über Burgebrach. Rechts liegt der schöne **Schwanen-Keller** (Brauerei Gasthof Schwan), ein typischer und klassischer mit Brotzeiten und einem süffigen hellen Kellerbier (Vgl. Tour 2)

Burgebrach-Ampferbach (3 km)
Die Abstände zwischen den Einkehrschwüngen werden nun kleiner. Vom Schwanenkeller geht es steil bergab über die B22 nach Burgebrach rein. Fahren sie auf die Strasse nach Ampferbach. Nur einen letzten Anstieg entlang des Waldes gilt es noch zu bewältigen. Wenn die Kuppe erreicht ist, ungefähr 200m abfahren, dann scharf links, und Sie erreichen den Keller der **Brauerei Herrmann** (nebenan Max-Keller). Am Getränkeausschank kann muf neben Brotzeiten und Kuchen ein leckeres Kellerbier erhalten, der Keller selbst ist groß und hat viele Terrassen unter schattenspendenden Bäumen. Wenn es nicht der Herrmann-Keller sein soll, fahren Sie geich weiter ....die letzte kleine Etappe ...zum Ziel nach Schönbrunn.

Ampferbach-Schönbrunn (4 km)

Vom Herrmann-Keller bis zum Ziel der nachmittäglichen Etappe ist es nun nicht mehr weit. Es geht abwärts, in Ampferbach links auf die Strasse nach Schönbrunn, das muf nach rund 5 km in Form der <ehemaligen> **Brauerei Wernsdörfer** findet. Es ist 18.00 und 54 km sind gefahren. Beim Wernsdörfer (vgl. Tour 1, 22) ist alles gut, Essen variantenreich. Der Jahreszeit entsprechend – spätes Frühjahr - gibt es Spargelgerichte. Zu Trinken reicht der Gasthof ein solides, sehr trinkbares Lager. Die Übernachtung mit Frühstück (es gibt nur 5 Betten in 2 Räumen) ist gewohnt solide, Standard. Zuletzt, meine ich, habe ich um 50,-€ bezahlt.

In der Nähe von Lisberg

Tag 2 Schönbrunn-Stublang (49 km)

Schönbrunn-Weiher (10 km)

Vom Wernsdörfer gegen 9.00 gestartet fährt muf aus dem Schönbrunn zunächst Richtung Grub bergan. Von dort über Lisberg nach Trabelsdorf (Brauerei Beck) und dann auf die Strasse nach Viereth-Trunstadt. In Trabelsdorf geht es rund 1,5 km ziemlich hoch. Oben am Wald kippt die Strasse steil ab. Wir erreichen wenig später den

ersten Halt in Weiher. Die **Brauerei Kundmüller** mit großzügigem Biergarten liegt links. Ausgeschenkt wird ein helles Lager, vielfach prämiert sind die Biere der Brauerei.

Weiher-Appendorf (12 km)

Vom Kundmüller führt die Strasse auf einem Radweg parallel zur Strasse weiter abwärts bis nach Viereth (Brauerei Bayer, Mainlust). Hier links und dann am Kreisel rechts über die Mainbrücke bis nach Unterhaid. Von dort nach Oberhaid (Brauerei Wagner). Ungefähr in der Ortsmitte links abbiegen Richtung Lauter. Die Strasse geht sanft bergauf bis zum Scheitelpunkt, einem Parkplatz am kleinen Haussee, dann ca. 1 km abwärts bis nach Appendorf. An der Kreuzung rechts und schon sind wir beim zweiten Halt des Tages, rechts bei der <ehemaligen> **Brauerei Mazour-Fößel**. Der auch „Välta" genannte Gasthof, der gar nicht regelmäßig geöffnet hat, braut nicht mehr selbst, und bietet seit 2016 ein Dunkles von der Brauerei Wagner, Kemmern an. Und zeichnet sich ansonsten durch einen kleinen Biergarten und durch eine beeindruckende Sammlung von Musikinstrumenten aus (vgl. Tour 18).

Appendorf-Ebing (10 km)

Vom Välta dann auf der Strasse nach Baunach bleiben. In der kleinen Stadt (ehemalige Brauerei Sippel) zunächst links kurz auf der B279 den Ort fast durchfahren, dann rechts über die Baunach und die Bahnstrecke bis kurz vor Daschendorf rechts auf einem Radweg fahren. In Daschendorf rechts runter, dann links am Wehr über die Itz und dahinter rechts auf einen Feldweg. Den bis zur B4 folgen, darüber geradeaus hinweg, rund 1 km weiter auf dem nun Betonplattenweg bleiben, dann links abbiegen, vorbei an einer kleinen Kläranlage erreicht muf wenig später Ebing. Auf dem Platz in der Dorfmitte liegt rechter Hand der **Schwanenbräu** (Vgl. auch Tour 22). Das Mittagessen ist gut, das dunkle Bier lecker. Die Wirtsleute, Mutter und Tochter sind sehr nett. Es hatte zuvor geregnet und die beiden hatten mir angeboten, meine nassen Klamotten kurz in den Wäschetrockner zu stecken. Habe ich gerne angenommen, prima, danke.

Ebing-Stublang (17 km)

So dass ich vom Schwanenbräu gestärkt und getrocknet weiterfahren konnte; leider – und wirklich eher die Ausnahme - immer noch bei leichtem Regen. Also, dann alsbald wieder nass, ging der Weg von Ebing auf dem MR über Zapfendorf, Unterleiterbach nach Ebensfeld (Ebensfelder Brauhaus). Hier auf einer Nebenstrasse bis nach Unterneuses (Brauerei Martin) und dann nach Pferdsfeld (ehemals Brauerei Leicht). Dort links Richtung Staffelstein. An einem kleineren Steinbruch rechts ab, unter der A73 hindurch nach Horsdorf und dann über Loffeld (Staffelbergbräu) nach Stublang zum Ende der heutigen Tagesetappe, der **Brauerei Dinkel**. Es ist kurz nach 15.00, wegen des Regens ging es heute etwas schneller als gewöhnlich und ohne weitere Einkehrschwünge in den zahlreichen Hausbrauereien des Maintals um Bad Staffelstein. Essen und Trinken, ein solides dunkleres Lager, gewohnt gut, Dusche heiß, Übernachtung mit Frühstück guter Standard; ab 35,-€.

Tag 3 Stublang-Breitenlesau (45 km)

Stublang-Wattendorf (9 km)

Gut erholt am nächsten morgen gegen 9.00 bei schönem Wetter folgt der Anstieg auf das Plateau der Fränkischen über Frauendorf und End bis nach Wattendorf – diese 8 km Leidensstrecke habe ich diverse Male beschrieben (Vgl. z.b. Tour 6 und 26), nur in die andere Richtung...da ist es um einiges einfacher. Am Scheitelpunkt oben in Wattendorf (Vgl. Tour 6; auch Brauerei Dremel) liegt rechts die **Brauerei Hübner**. Der am Vormittag wenig frequentierte Gasthof bietet ein vorzügliches Mineralwasser...und das klassische Bier der Fränkischen, ein kräftiges Dunkles.

Wattendorf-Steinfeld (6 km)
Vom Hübner kurz zweimal links auf die Strasse nach Gräfenhäusling. Es geht in Wellen dahin, über Rossdorf am Berg und die A70 hinweg kurz durch einen Wald bis zur Kreuzung mit der B22 vor Steinfeld. Leicht erhöht liegt in Steinfeld – der Quelle der Wiesent -links über der Strasse die (andere) **Brauerei Hübner** mit Biergarten auf einer Terrasse. Es gibt Dunkles und eine gute Brotzeit.

Steinfeld-Sachsendorf (20 km)
Vom Hübner beginnt in Steinfeld eine sehr schöne Fahrt entlang der Wiesent – namensgebend für diese Tour – auf der nur sehr wenig befahrenen B22. Die Strasse führt über Treunitz, vorbei an Wiesentfels und Freienfels mit seinen imposanten Burganlagen über dem immer breiter werdenden Fluss bis nach Hollfeld. In der kleinen, ziemlich verkehrsreichen Stadt fährt muf aus dem Wiesenttal links nach Aufsess und auf einen Radweg parallel zur Strasse. Der geteerte Weg führt immer leicht ansteigend über ca. 4 km bis nach Sachsendorf (Tour 4). Hier geht es kurz, jetzt auf der Strasse, steil bergab. Am Fuß des Gefälles liegt links die **Brauerei Stadter** mit Biergarten. Der Stadter – Alter Schneider – hat ein sehr leckeres kupferfarbenes Bier mit sehr individuellem Geschmack, eines der besten Biere der Fränkischen.

Sachsendorf-Heckenhof (5 km)
Vom Stadter zunächst die Rampe kurz wieder hoch, dann rechts auf den BBT, gleichzeitig Brauereirundweg der „Weltrekordgemeinde Aufsess" (vier Brauereien auf ca. 1000 Einwohner). Der Feldweg geht durch Felder und Wälder und macht nach ca.3km an einer kleineren Weggabelung halt. Hier den Brauereirundweg nach rechts verlassen. Sie sind richtig, wenn Sie nach ca. 1,5 km bei zwei Sportplätzen rauskommen. Hier wird der Weg geteert und führt über eine offene von Feldern begrenzte Fläche bis zur Strasse vor Heckenhof. Diese überqueren und wenig später erreicht muf den großen Parkplatz vom **Kathi Bräu**, Eldorado und beliebter überregionaler Treff der Motorradfahrer. Radfahrer dürfen aber auch bleiben und können im Biergarten vor dem Haus ein sehr Dunkles nehmen. Das schmeckte früher ein wenig brandig, hat sich aber über die letzten Jahre zu einem sehr gut schmeckenden Bier gemacht.

Heckenhof-Breitenlesau (5 km)
Vom Kathi-Bräu kann muf sich schwer trennen, wir tun es trotzdem auf dem Brauereirundweg am hinteren Ende des Biergartens, durchqueren Heckenhof und fahren rechts durch ein Waldstück auf dem Wanderweg abwärts nach Hochstahl (Brauerei Reichold) und von dort über Zochenreuth und ein letztes Stück bergan bis nach Breitenlesau, dem Zielpunkt unserer heutigen Etappe zur **Brauerei Krug**. Es ist 16.30, 7,5 Std. Fahrt- und Sitzzeit und 45 km wurden bewältigt. Essen und Trinken ist sehr gut, der Conny Krug zurecht gut besucht und übermäßig beliebt. Die Übernachtung ist de luxe in sehr schönen Zimmern (unbedingt vorbestellen), um 47,-€.

Karteln beim Hübner in Steinfeld – wie immer Haus und Hof verspielt

Tag 4 Breitenlesau-Egloffsteinerhüll (46 km)
Breitenlesau-Waischenfeld (7 km)

Die letzte Strecke unserer viertägigen Radtour führt uns morgens gegen 9.00 gestartet über Hubenberg und von dort abwärts zurück ins Wiesenttal. Einen ersten Halt stellt Waischenfeld und die **Brauerei Heckel** dar. Das ist eine Minibrauerei, die etwas abseits über die Wiesent hinweg nach rechts fahrend sehr unscheinbar im ansonsten sehr touristisch geprägten Waischenfeld liegt. Üblicherweise ist der Heckel erst nachmittags geöffnet, wir hatten Glück und für die arbeitende Bevölkerung, zu der wir uns im wenig einladenden Gastraum zum Frühschoppen dazugesellt haben, gab es schon was zu trinken. Ein Dunkles also in einer dunklen Dorfkneipe. War okay.

Hübner in Steinfeld...in andere Richtung fotografiert

80

Waischenfeld-Ebermannstadt (27 km)

Vom Heckel über eine Wiesentbrücke auf die Strasse nach Behringersmühle fahren. Es geht durch das sehr schöne Flusstal dahin, vorbei an Fliegenfischern, Burg Rabeneck und Doos, wo die Aufsess in die Wiesent mündet. An der Kreuzung zur B470 diese überqueren und am Gegenhang auf den Radweg, hier „Casanovas Ausritt" (CAS). Entlang der Wiesent und parallel zur alten Bahntrasse nun ein langes Stück bis nach Muggendorf radeln. Von dort um die Burg Neideck auf dem Sporn über dem Tal vorbei an Streitberg und Niederfellendorf bis zum Freibad und Campingplatz vor Ebermannstadt. Jetzt ist es nur noch ein kurzes Stück über die Strasse bis man die Wiesent erneut überquert und links in die Fußgängerzone einbiegt. Der **Schwanenbräu** residiert am Ende des Marktplatzes das erste Haus am Platz mit gutem Capuccino und einem sehr trinkbaren Dunklem, im Ort öffnet der Schwanenkeller der Brauerei im Sommer nach 17.00; alternativ im Ort lohnt seit einigen Jahren auch ein Besuch des Biergartens: Wiesentgarten.

Ebermannstadt-Unterzaunsbach (8 km)

Vom Schwanenbräu weiter durch die Fußgängerzone und weiter auf dem CAS entlang der Wiesent und einiger Flußarme bis nach Pretzfeld, wo wir das Wiesenttal Richtung Egloffstein verlassen, aber immer noch auf dem CAS fahren. Über Hagenbach und hier links durch das Tal der Trubach geht es wunderschön bis nach Unterzaunsbach und zur **Brauerei Meister.** Hier gibt es ein typisch dunkles Bier der Fränkischen Schweiz...seit 2017 allerdings aus dem Getränkekühlschrank.

Unterzaunsbach-Egloffsteinerhüll (4 km)

Vom Meister über den Parkplatz und die Trubach zurück auf den CAS nach Oberzaunsbach fahren und dort rechts nach Hundshaupten einbiegen. Das letzte Stück der Radtour führt von dort vorbei am Tierpark steil bergan. Am Ende eines atemraubenden Steilstücks kommt muf aus dem Wald in Hundshaupten (ganz früher, seufz, Brauerei Pöhlmann) an. Wer geglaubt hat, das wäre das Ende des Anstiegs, wird eines Besseren belehrt. Es geht noch mal hoch. Rund 500m hinter dem Ort links auf einen Feldweg abbiegen, der in einem Waldstück am Gehege des Tierparks entlangführt. Wenn muf oben aus dem Wald kommt, öffnet sich eine Hochebene mit Wiesen und Feldern und Egloffsteinerhüll, der Start- und Zielpunkt der Tour ist zu sehen. An der Strasse rechts liegt 50m weiter der Gasthof Polster und der Parkplatz. Es ist 15.00, 6 Std. Fahrzeit und 46 km kurz war die letzte Tagesetappe.

Insgesamt führte die Radtour über vier Tage und drei Übernachtungen mit einer Gesamtstrecke von 194 km, davon zwei „halbe Tage", die An-und Rückfahrt gut ermöglichen.

Burg Rabeneck im Wiesenttal

An der Wiesent in Ebermannstadt

Landschaftlich wurde das Aischtal, der Steigerwald und das Maintal berührt. Die Tage 3 und 4 standen dabei im Zeichen einer Fahrt durch eines der schönsten Flusstäler Deutschlands – das Wiesenttal in der Fränkischen Schweiz.

24.   Von Pottenstein nach Gräfenberg
Kompass Fahrradkarte 3096, Fränkische Schweiz, Kulmbach, Bayreuth

Tag 1. Potten-stein-Gräfenberg (48 km) Pottenstein-Ebermannstadt (25 km) Vom Parkplatz in der Nähe des Hallenbades in Pottenstein gegen 9.00 gestartet (Übernach-tungsmöglich-keit zuvor etwa Brauereigasthof Mager) zu-nächst auf die

Pottenstein-Ebermannstadt-Hetzelsdorf-Thuisbrunn-Hohenschwärz-Gräfenberg-Pottenstein (74 km) ®2015 MapQuest - "Map data ® OpenStreetMap and contributors.

Bundesstrasse 470. Diese geht über das Postkartenmotiv der Fränkischen Schweiz schlechthin, Tüchersfeld, bis nach Behringersmühle.Hier bald am Ortseingang über die Strasse, vorbei an den Wandergasthöfen auf einen Radweg links der Wiesent. Es ist der „Fränkische Schweiz-Radweg" (FSR) bzw. gleichzeitig „Casanovas Ausritt" (CAS). Der Weg geht immer entlang der Wiesent, mal auf der Höhe mal über der al-ten Bahntrasse vorbei an Stampfermühle und Sachsenmühle zunächst bis nach Muggendorf. Hier kurz eine asphaltierte Strasse ca. 300 m ziemlich steil bergan, dann wieder auf dem Radweg, der durch den Wald an der Ruine Neideck und dem Freibad von Streitberg über Schönbühl bis nach Ebermannstadt führt. Fahren Sie vorbei am Schwanenkeller (erst nach 17.00 geöffnet), überqueren Sie wenig später die Wiesent, biegen Sie kurz dahinter links auf den „Cantonnay", es lohnt sich, auf einem kleinen Weg entlang der Wiesent bis zur Abzweigung in die Altstadt zu fah-ren.

Tüchersfeld, mehr Fränkische Schweiz geht kaum

Am Marktplatz wartet der **Schwanenbräu** auf die durstigen Radfahrer und serviert ein Dunkles (Vgl. auch Tour 23)

Ebermannstadt-Hetzelsdorf (8 km)
Von der Sonne durch die Fußgängerzone über die Strasse auf den Radweg (CAS) nach Pretzfeld. Dort in den Ort (Brauerei Nikl), hindurch Richtung Egloffstein. Ca. 500 m später nach Hundsboden abbiegen. Zunächst geht es durch Hagenbach und alsbald im Dorf bergan. Hinter einer Kurve am Ortsausgang zunächst flach bis nach Poppendorf und dann ca. 2 km – teilweise steil hoch nach Hetzelsdorf.

Großtransporter" der Schwanenbräu

Die **Brauerei Penning-Zeißler** liegt kurz hinter dem Ortseingang links erhöht. Unter der Kastanie auf der Terrasse sitzt es sich gewohnt einmalig. Das kupferfarbene Vollbier oder ein Leichtes schmecken vorzüglich (Vgl. Tour 9). Wegen der Öffnungszeiten muss muf ggf. ein Flaschenbier kaufen.

Hetzelsdorf –Thuisbrunn (7 km)

Von Karl-Heinz Penning geht es weiter bergan. In Hetzelsdorf ziemlich steil, dahinter führt die Landstrasse vorbei an Kirschgärten, Wiesen und Äckern nach Hundshaupten, um dann im Ort erneut anzusteigen. Rund 300m hinter Hundshaupten geht links ein Feldweg. Den nehmen. Er führt vorbei an den Ausläufern des Tierparks durch den Wald und wenig später durch Felder bis nach Egloffsteinerhüll. Sagen wir es wie es ist...der Weg ist nicht gut, er ist schlecht, viel Schotter, Spurrillen, alles was muf nicht braucht. Der Weg mündet in eine Strasse. Diese quasi überqueren und wieder leicht bergan, diesmal auf geteertem Flurweg, der jedoch leider nach ca.200m wieder schotterig und erneut schlecht wird. Nach rund 1 km erreichen wir wieder Strasse und fahren rechts. Sie sind richtig, wenn die Strasse erst nach rechts knickt und wenig später nach links; um dann kurz anzusteigen und abwärts nach Thuisbrunn zu führen. Fahren Sie an der Einmündung zweier Strassen links und dann immer weiter.

Der Gasthof Seitz, heute **Elchbräu,** liegt rechter Hand. Jetzt seit einigen Jahren auch mit größerem Biergarten auf verschiedenen Terrassenebenen. Es ist voll am Wochenende, rummelig und a weng laut. Der Elch ist Teil des „Fünf-Seidla-Steigs", eines vor ca. 15 Jahren ins Leben gerufenen und mittlerweile stark frequentierten Wanderwegs der Stadt Gräfenberg mit ihren fünf Brauereien. Und...sehr beliebt bei alt und jung und besonders wie es scheint bei Herrenrunden aus dem Nürnberger Raum. Bis Gräfenberg als Einstieg in die Wanderung geht ja schließlich die Bahn von Nürnberg Ost. Das Bier vom Elch, also eigentlich von Herrn Kugler, ist nach wie vor ein Dunkles und jeden Halt an dieser Etappe wert. (Vgl. Tour 9)

Thuisbrunn-Hohenschwärz (nur 2 km)

Nur ein Katzensprung über den Wanderweg – diesmal gut zu fahren – ist es vom Elch bis zur **Brauerei Hofmann** in Hohenschwärz. Hier gibt's im schönen Biergarten (ebenfalls voll bis unter die Decke mit Wanderern) ein Dunkles und seit einigen Jahren auch ein Helles. Das Dunkle schmeckt wie immer, nämlich gut.

Hohenschwärz-Gräfenberg (6 km)

Von Frau Hofmann fahren wir zu Frau Brehmer-Stockum und Herrn Stockum nach Gräfenberg. Dazu in Hohenschwärz die Strasse nach Neusles/Kasberg einschlagen und vorbei am Sportplatz. In Neusles links durch den Weiler Richtung Gräfenbergerhüll. Von dort abwärts nach Gräfenberg (auch Brauerei Friedmann) und zum **Lindenbräu.** Essen und Trinken sind sehr gut. Besonders süffig ist das Dunkle, seit kurzem gibt's auch ein Leichtbier. Die Übernachtung in der Saison um 60,-€ für das EZ mit Frühstück; guter Standard. Unbedingt vorher anrufen und vorbestellen.

Anatomie verwirrt Vögel

Vom Lindenbräu am morgen gegen 9.00 aufwärts aus der Stadt Richtung Hiltpoltstein entlang der B2 gestartet. Hier auf den „Erlangen-Pegnitz-Radweg" (EPR), firmiert auch hier wieder als „Casanovas Ausritt" (CAS) und bis Möchs fahren. Es geht richtig auf und ab. In Möchs gibt es zwei Alternativen. Steil abwärts nach Obertrubach und dann wieder aufwärts über Bärnfels, Kleingesee und Trägweis nach Pottenstein. Oder der Weg über Leupoldstein und Weidenhüll. Ich entscheide mich für letzteren, wohl wissend, dass dies auch 5 km auf der B2 bedeutet. Egal. In Leupoldstein an der Kreuzung am Ortsausgang links abbiegen. Hinter Weidenhüll (neu: Sägerbräu) nach rechts auf einen ungeteerten Weg.

Der Andachtsweg in Kühlenfels

Es rollt abseits der Strasse sanft abwärts und wenig geschottert durch den Wald nach Waidach, danach nach Kühlenfels. Hier weder die Strasse nach Pegnitz, noch die nach Kirchenbirkig einschlagen, stattdessen kurz rechts, gleich links auf den sog. „Andachtsweg" einbiegen. Dieser geht abwärts – und schön - zunächst wie eine kleine Allee und mündet alsbald in den Wald. Immer abwärts, am Ende – statt links auf dem Radweg durch den Wald- gerade aus sehr steil und Sie landen an einem kleinen Forellensee im Klumpertal – sehr schön, wie eine vergessene Welt. Leider geht es am Ende des Tals noch mal kurz steil bergan, dann rechts runter ins Tal der Püttlach und der B470. Parallel zur Strasse liegt links wie ein Bürgersteig der Radweg, der an der Teufelshöhle die Strasse verlässt und vorbei an einem See und der Sommerrodelbahn zurück nach Pottenstein führt.

Im Klumpertal

In Summe beträgt dieser morgendliche – sehr schöne - Ausritt 26 km. Dafür braucht muf ohne größere Pause gemütlich fahrend auf einer allerdings sehr welligen Strecke knapp 2 Stunden. Pottenstein ist das touristische Zentrum der Fränkischen, viel los und rummelig mit Höhle, Rodelbahn, Felsenbad, Burg und Hallenbad... Zeit für die Suche nach einem guten Mittagessen und einem leckeren Bier. Wie wäre es etwa mit den Brauereien Pottensteins, dem **Mager** (oder dem Hufeisen?) Oder Sie schnallen die Räder aufs Auto und fahren kurz über Tüchersfeld und Unterailsfeld entweder nach Oberailsfeld zur **Brauerei Held** oder nach Köttweinsdorf zum Maihof (Vgl. Wandertouren) mit seinem schönen Biergarten unter Obstbäumen; Bier vom Krug in Breitenlesau. In jedem Fall ein Gewinn.

25. Von Hammelburg auf den Kreuzberg: In der Rhön

Kompass Fahrradkarte 3070 Rhön-Fulda, Kompass
Fahrradkarte 3073, Würzburg, Maindreieck

Tag 1. Hammelburg-Bischofsheim (51 km)

Hammelburg-Guckapaß (42 km)
Eine stetige Kletterei mit rund 700hm aufwärts erwartet Radfahrer auf dem Weg zum ersehnten Ziel, dem Kloster auf dem Kreuzberg in der Rhön. Vom Parkplatz in Hammelburg geht es zunächst schön und flach über Unter- und Oberthal entlang der Thulba vorbei am Schippersee und hoch nach Reith über die A7 nach Oberthulba. Von dort auf Radwegen und Nebenstrassen fahren Sie über Katzenbach u. Burkardsroth hoch nach Langleiten und von da Richtung Wildflecken bis zum Guckaspass.

Hammelburg-Oberthulba-Guckapass (2)-Kreuzberg-Bischofsheim- Neustadt a.d. S.-Münnerstadt-Wittelsbacher Turm (8) -H`burg (123 km)

Von H`burg zum Kreuzberg. Die meisten schaffen es nach 700hm nur bis zur Klosterschenke

Guckapaß-Kloster am Kreuzberg (3 km)
Da ist das meiste schon geschafft, aber trotzdem muss muf noch einige Kilometer auf Wanderwegen hoch zum Kloster. Wir erreichen es ziemlich erschöpft von hinten, quasi im Biergarten auf der Rückseite. Unter der Woche ist drinnen wie draußen gut Platz am Wochenende teilt muf sich die Plätze mit vielen, vielen Tagestouristen, und nicht nur Einheimischen. Zu essen im professionell gehaltenen – empirisch nach mehreren Besuchen betrachtet, ist überbordende Freundlichkeit nicht Markenkern der Bedienungen - Gastrobereich gibt's Brotzeiten und warme Gerichte, zu trinken ein äußerst süffiges und leckeres Klosterbier, wie flüssiges Brot, das jeden Besuch und anstrengenden Aufstieg wert ist. Übernachten ließe sich im Klostereigenen Elisäus-Gasthof ebenfalls; alternativ einige Kilometer unterhalb Richtung Haselbach auch im Gasthof Roth, am Hang gelegen mit Blick über die Rhönhöhen.

Kloster am Kreuzberg-Bischofsheim-Unterweissenbrunn (6 km)
Steil bergab, vorbei am großen Parkplatz und am Gasthof Roth rollt muf vom Kloster bis Haselbach, die Bremsen glühen, dann durch Bischofsheim bis zum Ortsteil Unterweissenbrunn zum Gasthof Zum Löwen, De Luxe-Übernachtung ab 66,-€. für ein EZ mit Frühstück. Solide Speisekarte, als Bier dürfen Sie sich auf „Pilgerstoff," (Will-Brauerei, Motten), Pils, Weizen, Dunkles Märzen Maria Ehrenberger und Alkoholfreies freuen.
(Wenn Sie früh am nachmittag vom Kreuzberg runter sind, und noch Kraft für einen Ausflug haben, lohnte sich ein Abstecher zur Pax-Bräu in Oberelsbach, hin/zurück knapp 20 km. Der überregional bekannte Kultbräu mit dem Motto Schwerter zu Zapfhähnen bietet sehr interessante und wechselnde Spezialsude an, nicht alle erfüllen den strengen Zutatenkatalog des Reinheitsgebotes. Industriebier ist definitiv anders)

Tag 2 Unterweissenbrunn-Hammelburg (72 km)
Unterweissenbrunn-Münnerstadt (28 km)
Am nächsten morgen rollt es immer leicht abwärts durch das Tal der Brend über Schönau zunächst bis nach Neustadt a.d. Saale und von da über Salz und Niederlauer geht es nach Münnerstadt mit Einkehrmöglichkeiten für einen Kaffee in der Innenstadt. In der Stadt zu haben ist ein „Klosterbrauerei Münnerstadt Kloster Urstoff". Die Brauerei ist schon länger aufgegeben, das Bier wird gebraut von Rother Bräu.

Münnerstadt-Wittelsbacher Turm (24 km)
Nach kleiner Pause radelt muf durch leicht welliges Gelände über Rannungen nach Eltingshausen und hier aufwärts, rechts abbiegen, vorbei an der großen Müllgrube bis zum Wittelsbacher Turm, davor der gleichnamige Brauereigasthof. Von der Terrasse läßt sich ein Blick bis nach Bad Kissingen erahnen, etwas besser ist die Stadt vom Wittelsbacher Turm selbst aus zu sehen Zu Essen gibt's Biergartenküche, zu Trinken Dunkles und ein empfehlenwertes Weizen. Das Gelände ist innen und außen weitläufig, ein wenig Eventmäßig aufgemacht, der Gasthof wirbt um Feiern und Busgesellschaften.

In der Rhön ist es schön – Blick vom Gasthof Roth am Kreuzberg

Wittelsbacher Turm-Hammelburg (20 km)

Aus der Sackgasse am Turm zurück führt die Strasse abwärts zunächst über den Weinort Wirmsthal runter bis nach Euerdorf und dann auf dem Saaleradweg über Trimberg, Langendorf dann bei Westheim durch Feld, Wiesen und riesige Satellitenschüsseln – tatsächlich Funkkommunikation mit Satelliten, keine Spionage und Reste des kalten Krieges - zurück nach Hammelburg zum Eiscafe auf den Markplatz. Geschafft. Der 2. Tag ist deutlich länger, aber gar nicht so anstrengend, und der gemeine 700hm-Aufstieg des Vortages schon fast vergessen, wäre da nicht die schöne Erinnerung an die Rhön und das Kloster auf dem Kreuzberg.

Trimberg   Horch, was kommt von draussen rein…

90

26. Die oberfränkische Highlighttour

Kompass Fahrradkarte 3096, Fränkische Schweiz, Kulmbach, Bayreuth
Kompass Fahrradkarte 3082 Bamberg, Haßberge, Steigerwald

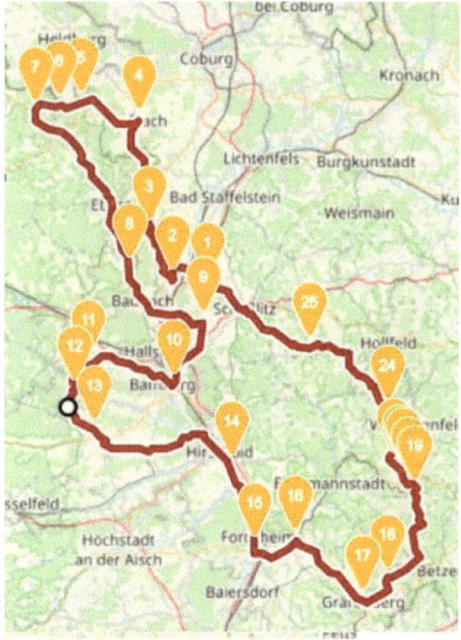

Leaflet | Map data © OpenStreetMap contributors

Eine 4-Tagestour (272 km) durch Oberfranken mit kleinem Schlenker nach Maroldsweisach in U`franken. Versammelt sind hier die Lieblingsorte der Radwanderer, die Highlights, die immer wieder angefahren werden.

Tag 1.
H`dorf-Maroldsweisach (72 km)
H`dorf-Ebing (26 km)
Vom Gasthof Grasser radeln Sie – an einem Sonntag - über Poxdorf nach Ludwag. Auf der Strasse vorbei an der Gügelkapelle bis nach Scheßlitz abfahren, hier auf die Strasse nach Windischletten und Roth einbiegen. Von Zapfendorf über die A 73, die ICE-Trasse und den Main, kommen Sie nach **Ebing** zum **Schwanenbräu** auf einen ersten Halt.

Huppendorf (25)-Maroldsweisach (7)-Weiher (11)-Gräfenberg (17)-Huppendorf (25)

Im schönen Biergarten des Gasthofes „Goldener Adler" in Mürsbach

Ebing-Mürsbach (8 km)
Vom Marktplatz in Ebing steigt es dann hoch nach Rattelsdorf, im Ort rechts runter an die Itz und über Höfen (Brauerei Endres) und Freudeneck (Brauerei Fischer) nach Mürsbach (Sonnenbräu) und zum Mittagstisch gehts heute zum Gasthof Goldener Ad-

ler. Zu Trinken ein Hausbräu, zu Essen an einem So. eine vergleichsweise große Karte. Alles schmeckt. (Tour 11, 13)

Mürsbach-Sesslach (18 km)
Durch das Itztal fährt muf nahezu eben und landschaftlich wunderbar über Gleus-, Hemmen- und Rechendorf, bis nach Untermerzbach. Hier nach Memmelsdorf abbiegen, es geht kurz hoch. Über Heilgersdorf, erst über die Strasse, dann links auf einem Radweg bis nach Sesslach fahren. Durch das Rothenberger Tor auf dem Pflaster bis zum Maximiliansplatz erst kurz quälen, dann wählen: links der Rote Ochse mit Biergarten im Hinterhof; ggn. das Gasthaus Reinwand mit Bierbänken auf dem Platz, mittags in der Sonne. Egal wo, zu trinken gibt's **Sesslacher Kommunbräu**, das ansonsten für Abholer direkt aus der Wand in der Pfarrgasse in die Flaschen abgefüllt wird, allerdings nur am Samstag vormittag.

Sesslach-Maroldsweisach (20 km)
Zurück durch das Stadttor, über die Rodach, am Kreisel hoch nach Unterelldorf, links auf einem Nebenradweg nach Hafenpreppach und über Wasmuthshausen auf der Strasse entlang der Landesgrenze nach Thüringen, strampeln wir über Eckarts- und Alertshausen zum Ziel des heutigen Tages, der **Brauerei Hartleb** in Maroldsweisach (ggn. der Kirche). Das ist ein gern besuchter Stadtmittelpunkt, zu Essen Schnitzelküche, zu Trinken ein Helles, sonst nichts. Das schmeckt zum Glück aber sehr gut. Die Übernachtung mit Frühstück ist für zuletzt meine ich ca. 50,-€ zu haben. Alles gut.

Ole...Der Rote Ochse nimmt besonders gern Radler auf die Hörner   Einbahnstrasse Alkohol

Tag 2. Maroldsweisach-Weiher (66 km)
Maroldsweisach-Reckendorf (25 km)
Von Hartlebs abwärts am ehemaligen Bahnhof auf den Radweg, der teilweise eine alte Bahntrasse ist, radeln wir am nächsten morgen entspannt immer durch das Tal der Weisach über Voccawind, Fischbach und Eyrichshof nach Ebern. Von da stadtauswärts entlang der Bahnlinie durch das Tal der Baunach fahren Sie über Lind und Treinsfeld,

Gräfenholz und Zeitzenhof nach Reckendorf. An der Strasse, bei der Kirche wartet der **Brauereigasthof Schroll** mit einigen Bierbänken vor der Tür, einem freundlichen Willkommen und einem sehr guten Dunklen. Es ist spartanisch einfach gut, muf sitzt jedoch hörbar an der Strasse.

Reckendorf-Merkendorf (16 km)
Über Reckenneussig und Baunach kommen Sie entlang der Hauptstrasse über die Mainbrücke nach Breitengüßbach. An der Kreuzung in der Stadtmitte geradeaus und über Zückshut und Laubend aufwärts erreichen Sie die Höhe über Merkendorf. Nach einem weiteren ca. 1 km durchfahren Sie den Ort (auch Brauerei Wagner) auf der Lindenstrasse, sind nicht im Fernsehen, aber in der **Brauerei Hummel**. Im großen Biergarten im Innenhof gibt's alles, was das Herz des Radlers begehrt, Hummels sind auch unter der Woche zum Mittagstisch zurecht gut visitiert.

Merkendorf-Bamberg (11 km)
Rollen Sie abwärts nach Drosendorf, hier rechts am Schloß Seehof entlang – nicht immer eine schöne Teilstrecke, weil viel Verkehr - (Vgl. Tour 19) durch die Gartenstadt, über die Bahn kommen Sie zum Stadtteil Wunderburg. Sie sind richtig, wenn Sie vor dem **Mahrsbräu** stehen oder ggn. der **Keesmann** lockt. Beide haben einen Biergarten und lecker Speis und Trank. Beim Keesmann empfiehlt sich ein Pils oder ein Dunkles, beim Mahrsbräu sollten Sie unbedingt eine Bestellung nach der Formel „I a a U" aufgeben. Sie erhalten dann ein Ungespundetes, d.h. ein Bier mit natürlicher Kohlensäure ohne weitere Zugabe, den Klassiker für das der Mahr bekannt und berühmt ist.

Bamberg-Weiher (14 km)
Suchen Sie eine Strecke durch die Innenstadt Bambergs ans Regnitzufer in Gaustadt. Entlang des Mains erreichen Sie über Bischberg (Brauerei zur Sonne) Viereth (Brauerei Mainlust). An der Kreuzung links hoch, am Ortsende übel steil nach Weiher und nach ca. 2 km kommen Sie zur **Brauerei Kundmüller**. Großer, überregional bekannter und beliebter Biergarten auf verschiedenen Terrassen, mit vielfach prämierten Bieren, unglaublich beeindruckender Bierkrugsammlung (Vgl. Tour 18) und ebenso vielfältigen Übernachtungsmöglichkeiten, EZ, DZ, FW`n ab ca. 40,-€.

Tag 3. Weiher-Gräfenberg (76 km)
Weiher-Grasmannsdorf (14 km)
Es beginnt mit einem üblen Anstieg (18%) durch den Wald auf der kleinen Nebenstrasse nach Trabelsdorf. Oben geradeaus runter, vorbei am Schloß, im Knick geradeaus auf einem Damm zwischen 2 Karpfenweihern hindurch, links vorbei am Hotel Altes Kurhaus, und in Lisberg wieder bergan um die Burg herum bis oben. Über Frenshof abfahren bis nach Dietendorf, hier links auf die Strasse nach Grasmannsdorf, und zur **Brauerei Kaiser** (Tour 1, 2) auf einen Frühschoppen mit einem Weißbier.

Grasmannsdorf-Altendorf (Buttenheim) (24 km)
Durch das Tal der Rauhe Ebrach über Frensdorf bis nach Pettstadt und dann entlang

des MD-Kanals über Hirschaid nach Altendorf zum Egloffsteiner Hof. Der hat auch unter der Woche für einen frühen Mittagstisch eine große Speisekarte, und Kellerbier vom St.Georgenbräu. Alternativ könnten Sie für einen späten Mittagstisch – ab 13.30 auf den **St.Georgenbräu**-Keller oder zum **Löwenbräu**-Keller nach Buttenheim.

Am Main-Donau-Kanal vor Hirschaid

Helles und Dunkles; Elchbräu in Thuisbrunn

Altendorf-Thuisbrunn (Hohenschwärz) (33 km)
Das längste Stück – einige Einkehrmöglichkeiten, z.B. in Forchheim unterwegs – ist der Weg zum Ziel. Fahren Sie dazu zurück auf den MD-Radweg Richtung Forcheim, überqueren den Kanal bei Buckenhofen, durchfahren irgendwie die Stadt mit Ausgang „Fränkische Schweiz auf der B 470 Richtung Bayreuth/Weiden, ertragen die nicht so schöne Fahrt bis kurz vor Reuth, dann

geht der Radweg über die Wiesent und nach Wiesenthau. Hier beginnt mit Blick auf das Walberla leider ein langer Aufstieg nach Dietzhof. Und danach geht's rechts auf einem kleinen Radweg nach Mittelehrenbach. Und wenn Sie gedacht haben, das wars mit anstrengend, startet hier das übelste Stück mit ca. 270 hm aufwärts in Serpentinen nach Ortspitz. Von da geht es regelrecht gemächlich auf der Höhe über Haidhof und dann leicht abwärts nach Thuisbrunn zum **Elchbräu** (Tour 9). Wenn der Elch ruht, könnten Sie – meistens - ca. 2km leicht aufwärts in Hohenschwärz in der **Brauerei Hofmann** eine Rast, und hier ebenfalls sehr gutes Dunkles im Biergarten finden.

Thuisbrunn/Hohenschwärz-Gräfenberg (5 km)
Von Frau Hofmann sind es über die Strasse und ab Neusles abwärts zum **Lindenbräu** in

Gräfenberg nur rund 5km. Puh, geschafft. Der Lindenbräu mit Biergarten im Hof und unter der Linde ist ein wie immer schönes Refugium (Tour 24,30). Zu Trinken gibt's ein ganzes Sortiment, empfohlen sei das klassische Vollbier, und seit einigen Jahren auch ein Leichtbier. Üernachtung ist möglich und Standard, mit Frühstück für 60,-€ zu haben. Alles passt, ein stilles Highlight der Fränkischen; an manchen Tag jedoch lauter beansprucht durch den Tagestourismus mit der Bahn aus Nürnberg und dem 5-Seidla-Steig.

Tag 4. Gräfenberg-Huppendorf (58 km)
Gräfenberg-Gößweinstein (24 km)
Eine kürzere Strecke zum Ziel ist es am letzten Tag, aber es geht ständig auf und ab, teilweise heftig. Vom Lindenbräu tradeln wir durch die Altstadt Richtung B2 und strampeln aufwärts nach Kemnathen. Wenig dahinter biegen wir nach links ab und fahren durch ein sehr schönes Tal über Großennohe bis nach Unterttrubach. Hier rechts nach Obertrubach; ann geht's wieder hoch über Bärnfels bis nach Kleingesee. Entlang einer Nebenstrasse kommen Sie über Allersdorf nach Gößweinstein. Im Ort oben ggn. der Basilika sind einige Einkehrmöglichkeiten für eine erste verdiente Rast.

Gößweinstein- Breitenlesau (17 km)
Und so geht's weiter immer weiter. Steil bergab zunächst nach Behringersmühle und dann durch das Wiesenttal bis nach Waischenfeld (Brauerei Heckel, Tour 23). Da immer weiter und links die Strasse nach Herolsberg wieder hoch und oben wellig die letzten km zur **Brauerei Krug** nach Breitenlesau, einem weiteren Highlight der Fränkischen. Das ist ein überregional bekannter Gasthof und Brauer. Schwer was los an quasi jedem Tag, insbesondere am Wochenende Halli und Galli im großen Biergarten, der sich über einen geteerten Platz von der gefühlten Fläche eines Fußballfeldes hinzieht. Im Winter Amüsemengg im Discostadl. Zu Essen jeden Tag eine fränkische Karte, zu Trinken das bewährte Dunkle vom Conny Krug. Übernachten ginge auch, da sollten Sie aber besser ein halbes Jahr vorher versuchen, eine Reservierung klar zu machen.

Mittelpunkt der Äggschnn in der Fränkischen

Breitenlesau- Huppendorf (17 km)
Über Zochenreuth radeln wir ab und auf nach Hochstahl, links über Heckenhof (Kathi-Bräu) geht's runter nach Aufsess (Brauerei Rothenbach) und entlang des Aufsess-Wanderwegs bis nach Sachsendorf (Brauerei Stadter) führt. Hier basteln Sie sich entlang der Aufsess nach Drosendorf und von da über Kotzendorf zurück nach **Huppendorf** zum **Grasser**.
4 Tage, 272 km nur Highlights, machen Sie das mal, es lohnt, mehr geht kaum.

27. An Main und Tauber

Deutsche Ausflugskarte, Nr.31, Rund um Frankfurt, Taunus/Vogelsberg/Spessart; Kompass Radkarte 3098 Würzburg/Frankenhöhe/Rothenburg; Bikeline Liebliches Taubertal

An Main und Tauber

©2015 MapQuest - "Map data © OpenStreetMap and contributors.

Burg Rothenfels am Main

96

Wertheim-Rothenfels-Ochsenfurt-Wertheim (176 km)

Das ist der „Zwilling" zur Tour 28; hier geht's vom unteren Maintal bei Wertheim nach Ochsenfurt und durchs Taubertal zurück. Weitgehend flach mit zwei Ausnahmen, zum einen die Abkürzung über den Berg zur Vermeidung der großen Mainschleife bei Gemünden, zum anderen der Anstieg aus Ochsenfurt als Wechsel aus dem Main- ins Taubertal bei Lauda.

Tag 1 Wertheim-Rothenfels (35 km)

Wertheim-Homburg (16 km)

Um die Mittagszeit in Wertheim (Spessart Bräu in Kreuzwertheim, T23) gestartet, führt die Strecke zunächst auf dem Mainradweg (MR) über Eichel, Urphar und Bettingen bis auf die Höhe von Homburg am Main. Hier den Radweg verlassen, die Strasse überqueren und steil hoch, ca. 300m rechts in den Ort fahren. Nach etwa 100m liegt links der Gasthof **Homburger Bräuscheuere**, der jedoch nur noch selten öffnet. Im Innenhof gibt's lecker Helles und Dunkles; alternativ im Goldenen Rösslein einkehren.

Homburg-Marktheidenfeld (10 km)
Rollen Sie abwärts zurück auf den MR. Über Lengfurt geht der Radweg nach Marktheidenfeld zum **Martinsbräu**, Biergarten in der Stadt (Tour 17). Es gibt hier wie so oft Helles und Dunkles. Sollte das **Bräustüble** zu haben (er öffnet am Mo. erst gegen 16.00),
sonst ab 11.00, kann muf alternativ in einem der Cafes schön am Mainufer sitzen.

Tag 2 Rothenfels-Ochsenfurt (69 km)
Marktheidenfeld-Rothenfels (9 km)
Von Marktheidenfeld nach Rothenfels ist es nicht so weit. Sie müssen aber über die
Brücke auf die andere Mainseite und dort auf Radwegen und einer Nebenstrasse fahren bis zur <ehemaligen> Brauerei Bayer. Dort konnte muf gut essen und trinken. Der
Bayer ließ sein Bier mittlerweile von einer anderen Brauerei herstellen; uns schmeckte
das Dunkle nach eigenem, althergebrachtem Rezept besonders gut. Der Gasthof (`24)
steht zum Verkauf, vielleicht demnächst wieder offen. Verschiedene Übernachtungsmöglichkeiten im Ort.

Rothenfels-Würzburg (46 km)
Aus Rothenfels geht der Radweg zunächst mainaufwärts bis nach Neustadt, wo eine
Fußgängerbrücke nach Erlach den Main überquert. Hier wieder ca. 3km mainabwärts
bis zu einer Abzweigung nach links. Der Radweg steigt bis nach Ansbach an. Von dort
geht es auf der Strasse nach Urspringen und dann nach Duttenbrunn. Muf fährt noch
ein wenig auf und ab bis zur langen Abfahrt runter ins Maintal nach Zellingen. Hier bitte wieder auf den MR Richtung Würzburg fahren.

Würzburg am Main mit der Marienburg

Der Weg zieht sich am Main
entlang bis in den Vorort Zelle-
rau, macht einen Bogen und
schon erreicht muf Würzburg.
Wenn Sie in die Innenstadt
möchten (**Würzburger Hofbräu**
mit Gasthof „Alter Kranen") so
nehmen Sie am besten gleich die
erste Brücke (B8). (Wenn Sie
nicht in Ochsenfurt übernachten,
sondern in Würzburg...dann
bleiben Sie auf dem MR und
kehren nahezu gegenüber der
alten Brücke unterhalb der Marienburg in dem Biergarten des
**Brauhaus Würzburg – Goldene
Gans** ein (Obacht bei schlechtem
Wetter: das Gasthaus öffnet erst
in den Abendstd).

Hier gibt's klassisch alles, was ein Biergarten so bieten kann, u.a. ein Helles und ein Weizen, übliche Biergartenspeisen; alles gut nach einer längeren Fahrstrecke. (In Würzburg diverse Übernachtungsmöglichkeiten.

Würzburg-Ochsenfurt (23 km)
Vom Brauhaus Würzburg, Goldene Gans Keller bleiben Sie zunächst mainaufwärts auf dem MR, wechseln mit ihm jedoch hinter den Sportplätzen die Flußseite und fahren über die Weinorte Randersacker, Eibelstadt und Sommerhausen bis nach Kleinochsenfurt.

Ein Distelhäuser Dunkles wird in
Würzburg auch gerne getrunken

Nach Ochsenfurt (auch Brauerei Oechsner mit Gasthaus zum Anker, inkl. Übernachtungsmögl.) selbst wird die Mainseite erneut gewechselt. Im Ort, mitten in der Hauptgasse in der Altstadt liegt der **Brauereigasthof Kauzen**, Speis, Trank (empfehlenswert das Weizen) und Übernachtung inkl. Alles gut, nette Wirtin, Zimmer Standard, Übernachtung mit Frühstück um 60,-€.

Die Stadt Ochsenfurt geht auf eine "Kuh"haut

Tag 3 Ochsenfurt-Wertheim
(72 km)
O`furt-Distelhausen (41km)
Am nächsten Morgen gegen 9.00 gestartet führt der Weg zunächst durch die Altstadt und dann links auf den Gau-Bahn-Radweg (GAU). Das ist eine aufgelassene Bahntrasse und führt wunderschön und nur allmählich steigend aus dem Maintal über Tückelhofen nach Gaukönigshofen. Hier haben wir rechts den GAU verlassen, um über Wolkshausen, Herchs- und Allersheim bis nach Oberwittighausen zu fahren.

Ab hier geht es auf dem „ET-4" durch das Grünbachtal sehr angenehm und landschaftlich reizvoll bis nach Gerlachsheim bei Lauda. Suchen und finden Sie den Radweg „Liebliches Taubertal" (LT). Zwischen Lauda und Tauberbischofsheim liegt rechts oben Distelhausen und die **Distelhäuser Brauerei**. Im Biergarten an der Brauerei gibt's ein feines Dunkles.

Brückenheiliger Mainzer Bischof bei Lauda im Taubertal

Distelhausen-Wertheim (31 km)
Vom Distelhäuser geht es abwärts zurück auf den LT und über Tauberbischofsheim durch altes Kurmainzisches Gebiet über Gamburg und Kloster Bronn leicht wellig aber jederzeit lieblich auf und ab bis nach Wertheim, zum Ziel und zurück zum Ausgangspunkt der Tour, eine dreitägige Angelegenheit an Main und Tauber mit in Summe 176 km.

28. Die Flußtälerfahrt: An Main, Aisch, Tauber und Wern

Kompass Fahrradkarten 3098 Würzburg, Frankenhöhe, Rothenburg o.d.T.; 3082 Bamberg, Haßberge, Steigerwald; 3073 Würzburg Maindreieck; Landesamt für Vermessung und Geoinfo, Bayern, UK50-9 Naturpark Steigerwald, südlicher Teil

Das ist eine Tour über 282 km und 3,5 Tage mit 4 Übernachtungen durch Unter- und Mittelfranken, entlang der Flußtäler von Main, Aisch, Tauber, Wern und wieder am Main.

Tag 1. Viereth-Bad Windsheim (79 km)
Viereth-Uehlfeld (43 km)
Von der **Brauerei Mainlust, Bayer**, Sonntag morgen nach Übernachtung gestartet, geht die Fahrt von Viereth oben im Ort links auf einem Nebenradweg zunächst hoch nach Tütschengereuth und von dort abwärts nach Walsdorf. Über die Strasse geradeaus kommen Sie am Ortsausgang auf den „Steigerwald-Hochweg" (STH), der Sie nach Grasmannsdorf (Brauerei Kaiser) und danach über die Brücke mit den 7 Heiligen (Vgl. Tour 1,26) nach Burgebrach (Brauerei Gasthof und Keller Schwan) bringt. Suchen Sie dort den Nebenradweg „Main-Aurach-Ragweg" (MAR), der Sie hangaufwärts aus der Stadt über den Försberg nach Hirschbrunn bringt.

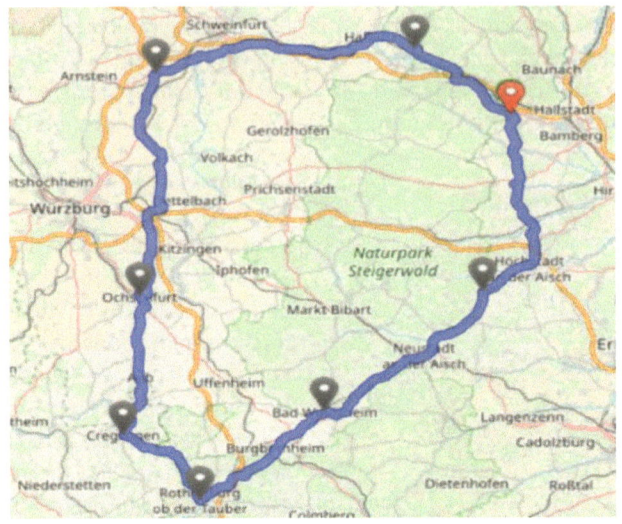

Radeln Sie – jetzt immer ganz leicht abwärts über Unterköst und Steppach nach Pommersfelden; vorbei am imposanten und weitläufigen Schloß Weissenstein, immer auf dem MAR unter der B505 durch nach Bösenbechhofen, Saltendorf und bis nach Medbach. Hier können Sie rechts über die A3 auf den Aischtalradweg (AR) nach Höchstadt abbiegen.

Viereth-Bad Windsheim-Ochsenfurt-Werneck-Viereth (282 km)

Durchfahren Sie Höchstadt bis zur Brücke links und zum Kreisel der B470. Es geht nun kurz entlang der Bundesstrasse, bevor Sie – auf dem AIS über Sterpersdorf, vorbei an der Antonius-Kapelle links am Hang oben und Lauberberg, nach Voggendorf kommen und zum Keller der **Brauerei Prechtel**, Uehlfeld, Gaststätte dort im Ort an der Strasse.

Unter Robinien gibt's Helles – Schnapperla – und ein Kellerbier, daneben ein Weizen, saisonal ein Rotbier namens „Brunnenlump". Alle gut und lecker; zu Essen einfache Brotzeiten, wie es sich für einen Keller gehört.

„Lernt glauben, Lernt kämpfen, Lernt sterben" Zurecht umstrittenes martialisches Kriegerdenkmal in Pommersfelden

Uehlfeld- Neustadt a.d.Aisch (16 km)

Vom Keller der Familie Prechtel kurz hundert Meter runter zurück auf den AR, dann über Dachsbach, Gerhards-, Rappels- und Reinhardshofen nach Gutenstetten. Verlassen Sie hier den AIS, überqueren Sie die Aisch nach Neumühle und wenig später erreicht muf Diespeck. Das zieht sich ein wenig bis zu einem großen Kreisel beim Mineralwasser-Hersteller „Franken Brunnen". Fahren Sie entlang der Straße nach Neustadt a.d.Aisch ein. Nach ca. 1 km liegt rechts leicht unten die **Brauerei Kohlenmühle** (Tour 30). Nun haben Sie zwei Möglichkeiten zur Einkehr: Entweder unmittelbar im Biergarten unter Sonnenschirmen, oder ohne Bedienung und längere Wartezeiten, im Biergarten mit Selbstbedienung links hinter der Kohlenmühle unmittelbar an der Aisch. An beiden Stätten wird Helleres „Moggerla" und Dunkles „Kohlenstoff" zum Trinken geboten. Im Kellerbiergarten an der Aisch gibt's kleinere Gerichte, im Biergarten vorne gibt's Fränkisches.

Neustadt a.d.Aisch – Bad Windsheim (20 km)

Von der Kohlenmühle fahren Sie weiter stadteinwärts, durchqueren das Zentrum und nach rechts einen Park. Überqueren Sie die B 470 Richtung Stadtteil Riedfeld. Von dort geht's links – wieder auf dem AIS - nach Schauerheim und über Alt-, Ips und Lenkersheim schließlich in die alte freie Reichsstadt Bad Windsheim (**Brauerei Döbler**). Zahlreiche Einkehr- und Übernachtungsmöglichkeiten rund um den Marktplatz sind sehr einladend. Wer einen Tag Pause machen möchte, macht nix falsch, wenn er/sie dann das Fränkische Freilandmuseum besucht. Im Wirtshaus am Kommunbräu gäbe es dann Bier des Kommunbrauhauses zu verkosten, das Freilandmuseum Zwickel.

Tag 2. Bad Windsheim-Ochsenfurt (76 km)

Bad Windsheim- Rothenburg o.d. Tauber (28 km)

Am nächsten morgen führt der AIS uns über Burgbernheim, zweierlei Steinach und Hartershofen nach Rothenburg o.d.Tauber; mittelalterlicher Megawahnsinn an der Romantischen Straße voller fotografierender Chinesen mit Selfiestangen. Wie immer: es könnte ohne Overtourism sehr schön sein, d.h. wenn außer einem selbst sonst keine Touristen da wären, die erhaltene, begehbare Stadtmauer, das Rathaus, die vielen Fachwerkhäuser, Lage und Aussicht ins Taubertal. In der Stadt selbst gibt's - allerdings erst abends -den **Turmbräu**. In den zahlreichen Gasthäusern wird gern und oft Distelhäuser ausgeschenkt, ein feines Bier.

Rothenburg o.d. Tauber – Creglingen (18 km)

Vom Rathausplatz in Rothenburg fahren bzw. schieben Sie am besten wieder kurz hoch und verlassen die Stadt durch den Ortsteil Dettwang abwärts in zwei Serpentinen ins Taubertal und auf den Radweg „Liebliches Taubertal-Klassiker" (LTK).

Schneebälle und architektonische Impressionen aus Rothenburg o.d.Tauber

Der bringt Sie wunderschön über Bettwar und Tauberzell zur Holdermühle, wo- wenn bereits mittags geöffnet ist, eine Einkehr im Gasthaus (auch rustikale Übernachtung möglich) auf der Grenze zwischen Bayern und Baden-Württemberg empfehlenswert ist, Biere der Kauzen Bräu aus Ochsenfurt. Im Gasthaus sind auf der bayrischen Seite die Tischdecken blau-weiß auf der badischen schwarz-gelb, Bänke im Hof. Ansonsten hinter der Mühle bergauf und bergab über Archshofen nach Creglingen radeln. Dort ist ein Mittagstisch auch unter der Woche möglich.

Creglingen-Ochsenfurt (30 km)

Die letzte Etappe des heutigen Tages führt von Creglingen auf dem LTK zunächst nach Bieberehren. Hier beginnt nun einer der schönsten...wie immer Geschmacksache... Radwege auf einer aufgelassenen alten Bahntrasse bis zum Ziel in Ochsenfurt, der „Gaubahnradweg" GAU). Diese klasse Verbindung vom Tauber- ins Maintal

Im lieblichen Taubertal

102

steigt erst mal sanft ca. 6-7km bis ungefähr Gelchsheim an, danach rollt muf über Sonder- und Gaukönigshofen bis nach Ochsenfurt (auch Brauerei Oechsner). Halten Sie sich am Ausgang des GAU rechts und nach ca. 1 km auf Strassen kommen Sie nach einer links/rechts Kombination in die Altstadt. Ziemlich am oberen Ende der Fußgängerzone liegt rechts der **Gasthof Kauzen**, der gleichnamigen Brauerei. Essen und Trinken ohe Beanstandung, als Bier ein Helles oder ein Weizen; die Übernachtung mit Frühstück ist guter Standard und kostete zuletzt 2024 um 60,-€.

Tag 3 Ochsenfurt-Werneck (60 km)
Ochsenfurt-Abtei Münsterschwarzach (28 km)
Vom Gasthof Kauzen morgens runter an den Main, startet der Tag auf dem Main-Radweg über Marktbreit und Marktsteft (Privatbrauerei Kesselring) erst mal bis nach Kitzingen. Wir bleiben einfach auf dem MR und fahren durch Albertshofen (Albertshöfer Sternbräu, kein Gasthof) zur Abtei von Münsterschwarzach. Hier läßt sich gut jausen, der Abtei ist eine Biobäckerei angeschlossen.

Münsterschwarzach-Wipfeld (Fähre) (19 km)
Von dort geradeaus auf einem Nebenradweg geht es über Volkach, Fahr und Stammheim, bis ca. 2km – jetzt wieder auf dem MR - dahinter die Straße links zur Mainfähre abzweigt. Den Main queren wir nach Wipfeld.

Wipfeld-Werneck (13 km)
Von Wipfeld ist es nicht mehr so weit bis zum Etappenziel. Auf dem MR strampeln Sie noch kurz bis nach Dächheim, um hier links den Berg hoch aus dem Maintal nach Theilheim abzubiegen. Über Waigolshausen erreicht muf dann Werneck am Schloß und wenig dahinter den ehemaligen **Brauereigasthof Werneck**. Die Übernachtung mit Frühstück ist ebenfalls ein guter Standard und kostet ab 64,-€ im EZ. Zu trinken gibt's Helles, ein Weizen und ein empfehlenswertes Kellerbier. Essen ist gut und beides am schönsten im Biergarten, der im Hof liegt; inkl. der Möglichkeit in einem Fass zu sitzen. Die Wirtsleute sind sehr zuvorkommend und eine Reise dorthin lohnenswert. In jedem Fall vorher anrufen. Wegen Extraveranstaltungen stand ich schon ein paar mal vor dem Schild „Heute geschlossene Gesellschaft".

Tag 4 Werneck-Viereth (67 km)
Werneck-Zeil am Main (45 km)
Der „3,5te" Tag sieht vor, zunächst von Werneck auf dem Werntalradweg (in die andere Richtung führt dieser sehr angenehme und schöne Weg bis nach Gemünden an den Main) bis nach Bergrheinfeld und zurück auf den MR zu fahren. Bleiben Sie dann einfach auf dieser Trasse, die Sie entlang der Uferpromenade von Schweinfurt immer am Wasser lang vorbei an Schonungen (in ca. 2 km in Hausen Brauerei Ulrich Martin) Gädheim und Theres bis nach Hassfurt bringt. Durchqueren

Sie die unterfränkische Metropole und radeln Sie dann auf dem MR an der B 26 nach Zeil am Main und zur **Brauerei Göller Zur Alten Freyung**. Hinter dem großen Biergarten können Räder abgestellt werden, im Biergarten mundet das Weissbier besonders gut. Zu Essen gibt's Brotzeiten und Fränkisches.

Zeil am Main-Viereth (20 km)
Das letzte Stück besteht aus dem MR über den Main, und dann über Sand, Elt-mann, Rossstadt, Trunstadt bis zum Kreisel vor Viereth. Fahren Sie in den Ort ein, der geschäftige und wegen der Nähe zum Weltkulturerbe Bamberg vielvisitierte **Brauerei-Gasthof Mainlust, Bayer** residiert ca. 500 Meter rechts an der Straße (vgl. Tour 19). Wir erreichen den Gasthof gegen 14.00. Zu trinken gibt's Helles und ein gutes klassisches Dunkles, zu Essen sehr gute fränkische Gerichte und Schnitzelkü-che. Die Übernachtung mit Frühstück ist im Vergleich eher Standard mit Preisen ab 45,-€. Alles passt, ein traditioneller, familiengeführter fränkischer Gasthof.

Kitzingen am Main

Das wars, eine längere Schleife (282 km) durch fränkische Flußtäler ohne größere Steigungen mit zahlreichen Brauereien entlang des Weges. Und aber nicht nur auf dem – mitunter stark befahrenen und bekannten - Mainradweg, sondern auch mal abseits im Aisch-, Tauber- und Werntal. Macht das mal, ist prima.

29. Out of Franken in der Fremde: Ein Abstecher in die Oberpfalz und nach Oberbayern

Kompass, Fahrradkarten 3096 Fänkische Schweiz, Kulmbach, Bayreuth; 3104, Regensburg und Umgebung; 3099 Hersbruck, Amberg, Neumarkt i.d.Opf, Weiden; 3100 Nürnberg und Umgebung; Landesamt für Vermessung, Geo.info Bayern, UK50-9, Naturpark Steigerwald, südlicher Teil, Landesamt für Vermessung UK50-24 Naturpark Altmühltal, mittlerer Teil; ADFC Reg.karte, Altmühltal, Ingolstadt

Die vorletzte im Buch beschriebene Tour über 5 Tage und 432 km sprengt radikal den Rahmen. Wir tasten uns über die fränkischen Landesgrenzen in die quasi ausländische Oberpfalz und in den heute oberbayerischen Landkreis Eichstätt vor. Letzterer gehörte vor der Gebietsreform von 1972 noch zu Franken.

Oberreichenbach-Huppendorf-Edelsfeld-Mariaort-Weißenburg-Oberreichenbach (432km) © OpenStreetMap contributors

Tag 1 Oberreichenbach-Huppendorf (88 km)
Oberreichenbach- Thuisbrunn (47 km)

Geht gleich gut und heftig los, ein erstes langes Stück mit Berg: Vom **Brauerei-Gasthof Geyer** in Oberreichenbach (Vgl. Tour 7,14) an einem Sonntagmorgen startet die Fahrt mit einem Rollen nach Unterreichenbach und Falkendorf nach Herzogenaurach. Entlang der alten Eisenbahntrasse rollt es sodann bis nach Frauenaurach und hier an den Main-Donau-Kanal (MDK). Auf der linken Seite radeln wir nun immer vorbei an Büchenbach. Passiert wird als Nächstes die Schleuse Erlangen. Über Möhrendorf queren wir den MDK bei Baiersdorf und verlassen den Ort rechts und über die Bahn nach Poxdorf und Effeltrich. Das Gelände steigt an bis Gaiganz. Von da rollen wir abwärts bis Kunreuth und hier wieder bergauf und ab nach Mittelehrenbach. Jetzt beginnt der fiese Teil, eine schiere Quälerei, der lange und teilweise sehr steile Anstieg in die Fränkische bis auf die Höhe von Ortspitz. Ab hier geht's vorbei an Haidhof latent abwärts bis nach Thuisbrunn und zum **Elchbräu** (Vgl. auch Tour 9, 26). Der Elch hat einen immer voll besuchten Biergarten auf Terrassen, ein feines traditionelles Dunkles, und seit wenigen Jahren ein Kellerbier mit Namen Nix Amore.

Thuisbrunn-Pretzfelder Keller (15 km)
Vom Elch fahren Sie zurück Richtung Egloffstein, runter durch den Ort bis auf den Radweg entlang der Obertrubach und von da über Unterzaunsbach (Brauerei Meister) und Hagenbach bis nach Pretzfeld. Hier im Knick der Straße rechts hoch Richtung Ebermannstadt und der Beschilderung des Pretzfelder Kellers folgen. In den Sommermonaten öffnet der Keller am Berg bei gutem Wetter ab 16.00, am Wochende und nach Ansage auch schon mal um 11.00. Der Keller wird geführt von der Brauerei Nikl, Pretzfeld (der Gasthof im Ort ist nur nach Absprache geöffnet). Es gibt ein Dunkles und ein Zwickl-Lager.

Pretzfelder Keller-Heiligenstadt (14 km)
Nach Speiss und Trank vom Nikl geht's weiter: Der Einfachheit halber auf der Strasse abfahren nach Ebermannstadt (Schwanenbräu, Tour z). Bleiben Sie dann Stadtauswärts Richtung Bayreuth/Weiden auf der BBT, in Gasseldorf beginnt links wegder Leinleiteradweg auf der alten Bahntrasse, die Sie ganz sanft über Unterleinleiter, vorbei an Veilbronn und Traindorf nach Heiligenstadt (auch Heiligenstädter Hof an der anderen Seite des Marktplatzes) zur **Brauerei Aichinger** bringt. Bänke und Tische stehen vor der Tür und am Rand des Marktplatzes, süffiges goldfarbenes Bier.

Heiligenstadt-Huppendorf (12 km)
Der Radweg (jetzt Fürstbischöfliche Tour, FT) führt weiter nun leicht aufwärts über Zoggendorf und Burggrub bis nach Oberleinleiter (Brauerei Ott). Wenn geöffnet (nur am Wochenende): Mal abgesehen von den vielen Fliegen, sitzt es sich mit einem Hellen, dem Obaladara, gut im Biergarten unter Schirmen an der Strasse. Dunkles und Weizen schmecken ebenfalls. Das letzte Stück Radfahren ist sowohl schön als auch zum 2. Mal an diesem Tag richtig bergauf. Vom Ott strampeln Sie auf der FT, einer schmalen Nebenstrasse, hoch durch das wunderschöne Leinleitertal Richtung des Weilers Geisdorf. Fahren Sie weiter auf dem Radweg nach Laibarös, hier kurz rechts und ziemlich direkt am Ortsausgang links auf den Flurweg, der nach oben raus schlechter wird, Sie aber nach weiteren ca. 1,5 km sicher nach Huppendorf und zum Ziel der heutigen Etappe, zur **Brauerei Grasser** geleitet. Bei – den hier im Buch schon diverse Male visitierten Grassers, vgl. Touren 3, 17, 19, 23, 26 - kann muf neben Essen und Trinken auch sehr gut – nach Renovierung de luxe -übernachten. Mit Frühstück ist ein EZ, ich meine zu wissen, aktuell 2024 -ab ca. 45,-€, mit Frühstück teurer, zu haben.

Tag 2 Huppendorf-Edelsfeld (80 km)

Huppendorf-Pottenstein (35 km)

Der nächste Morgen beginnt mit einer Fahrt vom Grasser links hoch, dann rechtsauf die Strasse nach Hohenpölz. Wir treten dann Pedale auf einem Nebenradweg nach Brunn, queren die Strasse kurz links/rechts nach Stüct und kommen über Neudorf, Siegritz, Gößmannsberg, Albertshof, um dahinter – sehr steil – abzufahren ins Wiesenttal nach Doos. Rechts auf der Straße erreicht muf Behringersmühle.

Ausnahmsweise fahren wir auf der B 470 bis Pottenstein (Brauerei Mager, Mo/Di Rt)

RT, vgl. Tour 24). Hier im touristischen Familien-Hotspot der Fränkischen gibt's nicht nur zahlreiche Verköstigungs-, sondern eventmassige Vergnügungsmöglichkeiten zuhauf, unter anderem eine Burg, die Teufelshöhle, eine Sommerrodelbahn mit Skywalk, ein Felsenbad, Golf für jedermann, einen Klettergarten und was du sonst noch willst oder auch nicht...

Unter einer Kastanie im Biergarten...ein bei mir beliebtes Fotomotiv

Die Grassers aus Huppendorf

Pottenstein-Neuhaus a.d.Pegnitz (27 km)

Aus funky Pottenstein radeln Sie vorbei an der Sommerrodelbahn und dem Tretboot-
see entlang der B470 bis zur Abzweigung nach Kirchenbirkig (neu: Säger Bräu, Weidenloh) Hier geht's rechts kurz scharf bergan, dann links auf den Radweg, der muf durch
den Andachtsweg nach Kühlenfels führt. Dieser Abschnitt im Wald ist kein guter Weg.
Mühen Sie sich dann im Ort links auf der Strasse nach Bronn. An einem Montag vormittag gibt's keine geöffneten Restaurationen, also treten wir weiter in die Pedale
durch den Veldensteiner Forst – sehr viel Wald - zunächst ein längerer Abschnitt bis
zur „Waldschänke", danach gerade über die Strasse weg, wo muf im Wald dann auf
den Radweg „Casanovas Ausritt" (CAS), und wenig später auf den „Pegnitzradweg"
(PEG) und die parallele Bahnlinie trifft. Bleiben Sie auf dem PEG und Sie erreichen über
Mosenberg wenige KM dahinter Neuhaus a.d. Pegnitz (Brauerei Kaiser). An einem
Montag mittag ist Neuhaus ein trauriger, weil irgendwie verlassener Ort, keine geöffneten Gasthäuser, fehlt nur noch, dass vertrocknete Büsche über die Strasse wehen.
Einzig ein Supermarkt und eine Tankstelle zeugen von städtischem Leben.

Neuhaus a.d.Pegnitz-Edelsfeld (18 km)

Wir überlassen Ghosttown dem unterwöchigen Schlummer auf einem Nebenradweg
an der Strasse Richtung Krottensee und fahren von dort immer bergauf auf der Strasse
nach Königstein. Willkommen in der Oberpfalz. Hier gibt's zahlreiche geöffnete Gasthöfe in der Ortsmitte. Von hier ist der Weg auch nicht mehr weit bis nach Edelsfeld, es
beginnt aber mit einem steilen Anstieg aus Königsstein nach Namsreuth, dahinter auf
einem gut geteerten Nebenweg rechts ab nach Vögelas, über die B 85 nach Nie-
derändt und dann ein letztes Mal bergauf nach Edelsfeld und zur **Brauerei Heldrich**
mit Wirtshaus&Hotel Goldener Greif. Das ist ein großes Haus, im Hof ein Biergarten, in
dem es traditionelle deutsche und internationale Küche zu Essen, ein Helles und ein
Pils zu Trinken gibt. Neben Einheimischen sind Publikum und die Hotelgäste ebenfalls
international, insbes. viele Amerikaner und ihre Familien. Aktuell oder früher sind viele
auf dem nahen Truppenübungsplatz Grafenwöhr stationiert oder gewesen, wie die
Wirtin zu berichten weiß. Die Übernachtung mit reichhaltigem Frühstück im de luxe EZ
ist, meine ich ab 80,- € aufwärts zu haben. Wem das zu teuer ist, dem sei empfohlen,
in Unterbringungsmöglichkeiten nach Königstein, Vilseck (z.B. Angerer) oder Sulzbach-
Rosenberg auszuweichen, das ist jeweils so 10 km weit weg.

Tag 3 Edelsfeld-Mariaort (93 km)
Edelsfeld-Kastl (33 km)

Von Heldrichs ist die erste Etappe des nächsten Tages etwas umständlich, weil es nach
Kastl keine - kurze - direkte Radwegeverbindung gibt. Also basteln wir uns aus Edelsfeld Richtung Westen über Neben- und Flurwege nach Bernricht und Lockenricht; ab
da arbeiten wir uns bergauf, bergab irgendwie über die B14 und Bachets-, Eckerts- und

Frechetsfeld unter der A6 bis auf die Höhe von Schwenderöd. Von da ab rollt es überwiegend auf einem Nebenradweg mit Namen „Tour de Birgland" (TBI) bergab über

Leinhof, Betzenberg und Dettnach, bis muf nach rechts abbiegend kurz auf den „Schweppermann-Radweg"(SWR) gelangt. Der führt uns durch sehr schöne Landschaft bis in den Ort Kastl. Die Geschichte vom Montag wiederholt sich leider auch am Dienstag. Am vormittag ist nichts geöfnnet, alle Türen verschlossen, kaum ein Mensch zu sehen. Wer es einsam mag, und Wasserflaschen und einen Müsliriegel dabeihat, ist hier genau richtig...

Im Veldensteiner Forst...hitzestrapazierte Bäume

Ein Planet für sich – Gasthof Heldrich in Edelsfeld

Kastl-Kallmünz (37 km) In Kastl beginnt nun der „Lauterachtal-Radweg" (LTR). Wir fahren durch ein wunderschönes, mehr oder minder aber einsames Flußtal. Wenige Orte, eher verschlafen unter der Woche. Rechter Hand liegt der Truppenübungsplatz Hohenfels, selbst in Hohenburg, dem einzigen größeren Ort auf der Strecke ist nix los.

Über Adersthausen erreichen wir um die Mittagszeit dann in Schmidmühlen wieder belebteres Terrain mit zahlreichen Möglichkeiten zur Einkehr oder zur Brotzeit an der Metzgerei im Ort. Gestärkt geht's weiter, nun auf dem „Fünf-Flüsse-Radweg" (FFR) am Fluß Vils über Emhof, Dietldorf und Rohrbach bis nach Kallmünz und zur **Brauerei zum Goldenen Löwen**. Entgegen der Ankündigungen – früher - hat das Wirtshaus häufig erst – heute - ab den Abendstunden geöffnet. Wenn das so ist, können Sie in kurz Entfernung das Bier des Goldenen Löwen (muf könnte hier auch übernachten), ein schwarzes Zoigl, im quasi Outlet, dem Gasthaus „Bürstenbinder" probieren. Das schmeckt prima, zu haben sind daneben kleinere Gerichte wie Speckpfannkuchen, und zu trinken auch Helles und ein Weizen.

Schwarzer Zoigl in Kallmünz

Kallmünz-Mariaort (23 km)
Auf dem FFR radelt es sich hervorragend entlang der nun Naab über Krachenhausen, Pielenhofen (Hier gäbe es die Variante links hoch über Pettendorf zum **Prößl-Bräu** nach Adlersberg zu fahren, zurecht beliebt wegen Lage, leckerem Zwickel-

Im Lauterachtal

und Übernachtungsmöglichkeit, Vgl. Tour 30, und Radwandern für Bierliebhaber – Bayern und Deutschland, 2. Aufl., Herbst 2020) und Etterzhausen bis zur Brücke an der Naab-Mündung. Diese überqueren und das Ziel, der Gasthof und – das dahinter liegende Hotel - Krieger in Mariaort ist erreicht. Übernachtung mit Frühstück im EZ ist ab 66,-€ zu haben, im Biergarten vorne wird traditionelles Essen aufgetischt, die Biere sind aus Weltenburg und von der Regensburger Brauerei Bischofshof. Alles gut und entspannt.

Tag 4 Mariaort-Weißenburg (81 km)
Mariaort-Etterzheim Bahnhof (5 km)
Am nächsten Morgen radeln wir wegen der doch ansonsten sehr langen Strecke zunächst auf dem FFR nach Etterzhausen zurück. Steilst hoch geht es zum Bahnhof. Wir nehmen den Nahverkehrszug bis nach Parsberg, dauert ca. 15 min.

Parsberg-Dietfurt (23 km)
Auch in Parsberg quälen wir uns vom Bahnhof erst mal hoch in die Stadt, um dann wenig später hinter dem Ort und dem wie so oft unvermeidlichem Industriegebiet rechts auf den Nebenradweg „Naab-Altmühl-Radweg" (NAR) einzubiegen. Dem folgen wir über Egl- und Daßwang, Kemnathen und Breitenbrunn schön durchs Tal bis nach Dietfurt an der Altmühl, zahlreiche Einkehrmöglichkeiten, z.b. am Platz in der Ortsmitte das „Gasthaus Zur Post, Niedermeyer".

Dietfurt-Kinding (20 km)
Ortsauswärts bleiben wir noch ein wenig auf dem FFR, über Töging und Kettingwörth werden wir nun von zahlreichen Altmühltalradlern begleitet. Hinter Kettingwörth, links als Abkürzung auf die Straße nach Kirchanhausen fahren, bei der „Kratzmühle" rechts zurück auf den Radweg, der die Strasse bei Pfraundorf überquert. Am Wald geht's nun auf dem Altmühltalradweg (AT) lang bis Kinding – wir sind im Landkreis Eichstätt und in Oberbayern angekommen; zahlreiche Einkehrmöglichkeiten, empfehlenswert etwa „Gasthof zum Krebs" mit schönem Biergarten am Marktplatz, regionale Biere, Weizen von Gutmann, Titting oder aus Riedenburg.

Kinding-Weißenburg (38 km)
Verlassen Sie hinter Kinding den AT nach rechts zugunsten des Anlautertalradwegs (AN). Sie sind richtig, wenn Sie es schaffen, ohne Rätseln und Schäden unter der A9 durch nach Enkering zu kommen. Durch das schöne Anlautertal führt der überwiegend geschotterte Waldweg als AN über Gundolding, Erlingshofen, Altdorf und Emsing bis nach Titting (Brauerei Gutmann). Bleiben Sie auf dem AN bis Bechthal. Biegen Sie hier links hoch nach Raitenbuch und radeln Sie wenig später auf dem Limesradweg (LR) vorbei an Burgsalach nach Oberhochstadt. Steil abwärts erreichen Sie auf dem LR und

dann wieder in Niederhofen auf dem AN Weissenburg, und hier am Marktplatz der Gasthof Schwarzer Bär, Biere der **Brauerei Pröls**, (Vgl. Tour 30) In der alten Stadt der Römer bestehen zahlreiche Unterbringungsmöglichkeiten. Im von uns gewählten Schwarzen Bär kostet die Übernachtung mit Frühstück zuletzt in `24 65,-€. Zimmer sind Standard, das Frühstück gut und reichlich.

Auf dem Land ist manchmal nicht mehr so viel los...

Zu Essen im kleinen Biergarten gibt's allerlei fränkische Küche. Zu Trinken von der Pröls Brauerei insbesondere ein sehr schmackhaftes Rotbier, Nürnberger Art.

Wachturm am Limesradweg bei Burgsalach

Tag 5 Weißenburg-Oberreichenbach (93 km)
Weißenburg-Roth (32 km)
Die erste Strecke des letzten Ritts führt uns nach Ellingen (Schloßbrauerei), von dort nach Pleinfeld und von auf Radwegen oder wenig befahrenen Strassen über Georgsmünd bis nach Roth, am Markt zahlreiche Einkehrmöglichkeiten und ein Eiscafe.

Roth-Nürnberg (30 km)
Suchen und bleiben Sie vom Ortszentrum aus den Burgenradweg (BR), der sie bei Meckenlohe an den Main-Donau-Kanal (MDK) bringt. Nach links und dann ist es lange einfach. Immer am MDK über Rednitzhembach, Schwarzach Katzwang und Weiherhaus bis zum Nürnberger Hafen strampeln. Auf dem allerdings wegen der Stadt und des Weges entlang der Strasse kaum noch erkennbaren BR bleiben, durch Gibitzen- und Galgenhaben bis zur Innenstadt vorfahren. Sie haben das Zentrum – aber noch nicht die Altstadt -erreicht, wenn Sie unter der Bahn durchfahren. Dann links am Verlauf der B 8 halten - und Sie suchen, so wie wir jedesmal - links ihr Glück im Stadtteil Gostenhof. Dort residiert die **Brauerei Schanzenbräu**. Belohnt wird die Sucherei mit einem schönen Biergarten im Hinterhof und einem exzellenten Nürnberger Rotbier, dem „Schanzenbräu Rot", ein Traum. Aber Obacht: geänderte Öffnungszeiten, wenn hier geschlossen, fahren Sie doch an die Pegnitz, etwa in den Biergarten „Elke"s Bierstadl im Kettensteig" (Biere der Brauerei Zirndorfer), finden Sie entweder auf Nachfrage oder und besser in der Adam-Klein-Straße 27.

Nürnberg-Oberreichenbach (31 km)
Die letzte Etappe unsere 5-tägigen Rundtour: Suchen Sie den Weg zur Pegnitz, überqueren Sie diese und fahren Sie auf dem „Regnitz-Radweg" (RT) am Ufer entlang über Schniegling und Fürth bis in den Fürther Stadtteil Stadeln. Hier links erneut über die Regnitz und den MDK und Sie kommen auf dem „Zenntalradweg" nach Flexdorf und wenig später nach Ritzmannsdorf. Biegen Sie hier rechts über Rothenberg nach Obermichelbach ab. Wenige Kilometer hinter dem Ort geht's steil runter und Sie sind zurück in Herzogenaurach auf dem „Aurach-Radweg" (AU). Sie durchfahren die Puma- Schäffler und Adidas-Stadt nach Falkendorf hoch. Ein letztes Mal nach rechts auf die Nebenstrasse nach Unterreichenbach abbiegen und nach weiteren ca. 2 km leicht aufwärts erreichen wir Start und Ziel unserer Reise, den **Brauerei-Gasthof-Geyer** mit Speis und einem Haustrunk oder dem guten Rotbier auf dem Sommerkeller. Da kann muf nix falschmachen.

Das wars, ein Ausflug in die Fremde durch Ober- und Mittelfranken, durch die Oberpfalz und ein kleines Strück in Oberbayern.

Die Reise lebt neben den zahlreichen Einkehrmöglichkeiten insbesondere von den Besuchen auf eher seltener frequentierten Nebenradwegen, als da sind: dem LeinleiterRadweg, dem Pegnitz-Radweg, dem Radweg durch das Lauterachtal und dem Anlauter-Radweg.

Brückenheilige auf dem Weg nach Nürnberg

Elke"s Bierstadl im Kettensteig

Alles prima, wir raten jedoch dazu, bei der Streckenwahl unbedingt die Versorgungsmöglichkeiten unterwegs vorher zu klären. Wir haben doch manches mal unter der Woche vor verschlossenen Türen gestanden.

Schön wars von Anfang bis Ende, die ganzen 440 km, picobello. Gerne bald wieder.

30. Gott mit Dir, du Land der Bayern (737 km)

Dies ist zum Abschied eine lange Reise über 10 Radtage durch alle 7 Bezirke Bayerns, als Idee geklaut bei der jährlichen BR-Radltour. Die Fahrt startet an einem Mittwoch (passt `24 zu allen Ruhetagen auf der Tour) in Ochsenfurt, geht durchs liebliche Taubertal über Rothenburg und Dinkelsbühl entlang der Romantischen Straße bis zur Donau, schwenkt dann über das Oberbayrische Ingolstadt und Kloster Weltenburg in Niederbayern bis nach Regensburg in der Oberpfalz. Durchs Altmühltal radelt muf über Beilngries, Eichstätt und Weissenburg vorbei an Nürnberg nach Gräfenberg in die Fränkische. Über Erlangen und Neustadt an der Aisch führt der Weg zurück an den Main.

Leaflet | Map data © OpenStreetMap contributors

Tag 1 Von Ochsenfurt nach Creglingen (63 km)
Ochsenfurt -Aub (22 km)
Vom Parkplatz am Mainufer fahren Sie Richtung Tückelhausen und folgen wenig später der Beschilderung des – wundervollen - Gaubahnradwegs (GAU). Diese alte

Landesgrenze – Holdermühle

Bahntrasse bringt sie sanft ansteigend über Gaukönighofen, Rittershausen, Sonderhofen und Gelchsheim bis nach Baldersheim. Hier biegt muf links vom GAU nach Aub ab und macht Halt in der kleinen Stadt, empfehlenswert mit ausgesprochen leckerem Obstkuchen ist die Bäckerei Aulbach.
Aub-Reichelshofen (26 Km)
Vom Cafe Aulbach links hoch auf die Strasse nach Simmershofen, auf Nebenstrassen und Nebenradwegen kommt muf über Langensteinach, Ohrenbach und Oberscheckenbach nach Reichelshofen.

Schon von der Strasse gut sichtbar grüßt das imposante Bauensemble der **Landwehr-Bräu**, wie im Bilderbuch…und ohne Ruhetag. Die einzige Brauerei im engeren Umkreis des nahen Rothenburg ob der Tauber ist ein ambitioniertes, großes und gut besuchtes Hotel. Der Biergarten wartet mit vier oder fünf Bieren vom Fass auf. Besonders mundet das Kellerbier und das wohl saisonale Kirchweihbier. Auch die Speisekarte ist vielfältig; bei den Maultaschen machen Sie rein gar nichts verkehrt.

Reichelshofen – Creglingen (15 km)
Vom Landwehrbräu führt der Weg über Adelsdorf ins voll liebliche Taubertal an der total Romantischen Strasse. Nach Abfahrt erreicht muf Tauberscheckenbach und auf der linken Tauberseite geht der Radweg über Tauberzell nach Archshofen. Zwischendrin wartet das Gasthaus Holdermühle mit der Besonderheit, dass es exakt auf der Grenze zwischen Bayern und Baden-Württemberg liegt. Draußen sehen Sie eine Demarkationslinie, im Gastraum (Vgl. Tour 28; Handy-Empfang ist auch nach ca. 8 Jahren seit dem letzten Besuch immer noch Glückssache) gibt's Tische mit zweierlei Tischdecken und -seiten, eine im gewohnten blau-weißen Rautenmuster, eine in schwarz-gelb: Ein geteiltes Land wie Korea, aber mit Übernachtung, Hellem und was zu essen; allerdings erst am späteren nachmittag. Danach ein wenig wellig rauf und runter bis nach Archshofen und ca. 4 km dahinter landen wir am Ziel des heutigen Tages, Creglingen (ja, also quasi im befreundeten Ausland…). Zahlreiche Unterkünfte locken die Radfahrer. Ein eher rustikales, aber solides Angebot mit Speis und Trank nebst Standard-Übernachtung stellt die Pension Herrgottstal dar. Alles gut, zu empfehlen.

Tag 2 Von Creglingen zur Forstquell Brauerei in Fürnheim (85 km)
Creglingen-Rothenburg (15 km)
Von Creglingen über Münster erreicht muf bei Bettwar wieder das liebliche Taubertal, und nach ca. einer Std. Rothenburg ob d. Tauber. Wenn Sie früh sind, kann Rothenburg sogar schön sein; ein Cappuccino am Rathausplatz ein netter Beginn des Tages, später als 11.00 ist es einer der besuchtesten Touristenspots in D und nicht Vergnügungssteuerpflichtig. Wer sich die Auffahrt schenken mag, kann am Tauberufer den Ort quasi umrunden, kommt vorbei am Topplerschlößchen und erreicht den Radweg ungefähr wieder auf der Höhe von Gebsattel.

Rothenburg- Dinkelsbühl (45 km)
Jetzt beginnt eine lange Strecke ohne viele Einkehrmöglichkeiten, es sei denn Sie bleiben auf dem Weg nach Feuchtwangen und kehren nach ca. 35 weiteren km dort in der Altstadt ein. Ansonsten ist Radfahren angesagt und Wasser aus der Trinkflasche – sozusagen Sport -, dies alles bei einer wunderbaren Fahrt durch das Wörnitztal auf Radwegen, teilweise auf der „Alte Bahnlinie" und stillen Nebenstrassen. Sie erreichen Dinkelsbühl von Norden über Oberoestheim, Larrieden und Schopfloch. Ca. 200 Meter nach der Tordurchfahrt in die Altstadt geht es rechts zum **Weib's-Bräu**, wenn Sie auf dem Pflasterweg bleiben und hinter der Kirche links wieder Stadtauswärts radeln,

dann ist links das Gasthaus „Wilder Mann", Biere der Hauff-Brauerei (Vgl. Tour 5). Im Weib`s-Bräu ohne Wenn und Aber empfehlenswert ist das Helle; daneben gibt's vom Fass auch ein Weizen. Die Speisekarte ist vielfältig, und Vegetarier haben es hier leichter als in anderen Gasthäusern. Im Weib`s-Bräu ließe sich auch übernachten: Standard.

Dinkelsbühl- Fürnheim (25 km)
Aus der Stadt biegen Sie auf den Radweg Richtung Nördlingen oder Wassertrüdingen. In Weiltingen geht's rechts weg über Frankenhofen nach Fürnheim und zur **Forstquell-Brauerei** (Vgl. Tour 16). Das ist das Stammhaus der Oettinger-Brauerei…aber irgendwie ganz anders. Bier, hier das Kupfer und das Helle schmecken vorzüglich; das Essen typisch für die Schwäbisch-Fränkische Grenzregion, empfehlenswert die Schweinebäckchen und das Schäufele. Der Biergarten geht über drei Terrassenstufen und istgemütlich. Noch etwas ist außergewöhnlich in Fürnheim: Kein WLAN, kein Empfang und für die Übernachtungsgäste auch kein TV. Nachrichten gehen nicht raus, Bargeld lacht. Scheint aber kaum jemanden zu stören. Das ist mittlerweile ein Alleinstellungsmerkmal in Franken, selbst in der Fränkischen ist es flächendeckend besser. Willkommen im analogen Leben. Kennen Sie das noch?

Tag 3 Von Fürnheim nach Neuburg an der Donau (75 km)
Fürnheim-Monheim (40 km)
Ach, und übrigens, Frühstück gibt's auch keins in Fürnheim…Das habe ich in Oettingen in einer Bäckerei in der Altstadt genossen. Von da geht's durch das Ries nach Wemding und aus dem Ries etwas bergan nach Monheim auf ein Bier. Monheim gilt als Schmelztiegel deutscher Stämme. Hier treffen und lieben sich Franken, Schwaben und Bayern.

Monheim -Neuburg a.d.Donau (35 km)
Hinter Monheim steigt die Strasse an und an, um sich ca. 6 km vor Rennershofen wieder in eine schöne Abfahrt zu wandeln. Von da geht es an die Donau und ca. 12 km später erreichen Sie Neuburg. Kurz über die Brücke, die Luitpoldstrasse bis zu einer Ampel vor Kopf durchfahren, dann links in die Theresienstrasse und ca. 100 m dahinter liegt auf der linken Seite das Hotel **Neuwirt, Julius Bräu**. So rustikal die Forstquell Bräu war, so ambitioniert ist der Neuwirt. Die Übernachtung ist de luxe, Frühstück reichhaltig, Helles und Dunkles prima, die Speisekarte vielfältig im mit Schirmen überdachten großen Innenhof…und in Summe kostet es im Vergleich a weng mehr, um 85,-€. Empfehlenswert für Radreisende entlang der Donau, die gerne in einem komfortablen Gasthaus mit Brauerei nächtigen möchten. Alles gediegen und gut.

Tag 4 Von Neuburg nach Sandersdorf (61 km)
Neuburg – Ingolstadt (25 km)
Vom Neuwirt suchen Sie den Weg zurück an die Donau; Sie können auf beiden Seiten Richtung Ingolstadt fahren, entweder über Weichering oder auf der anderen Seite über Irgertsheim und Gerolfing. Jedenfalls erreichen Sie nach ca. 25 km die Stadt des Reinheitsgebotes. In der Altstadt läßt sich prima einkehren. Typisch sind helle Biere

der Platzhirsche vom Herrnbräu und der Nordbräu: Versuchen Sie doch mal die relativ neue **Griesmüllers Altstadtbrauerei** in der Altstadt.

Der Weg an die Donau: In Fürnheim, Helm der Landwehrbräu und das Altmühltal bei Weiltingen

Ingolstadt-Vohburg (19 Km)
Entlang der Donau stadtauswärts nach Osten radeln Sie nach Vohburg. In der Innenstadt am Platz liegt links der Gasthof Stöttnerbräu mit schönem Biergarten im Innenhof (hier kann muf auch gut übernachten); ein bei Radtourist:innen beliebter Gasthof mit großer Karte und Bier vom Augustinerbräu aus München.

Die Welt von drinnen schauen an einem heißen Tag, Bier kommt aus der Wand: Sandersdorf

Vohburg-Sandersdorf (17 km)
Die letzte Etappe heute führt über die Brücke aus dem Donautal über Unterdolling und ab da auf dem Schambachtalradweg (alte Bahntrasse) bis nach Sandersdorf zum Gasthof zur Sonne. Hier, direkt gegenüber der **Schloßbrauerei de Bassus** gibts nicht nur

feines Helles von der gleichnamigen, sondern auch hervorragendes Essen, da die Schlagbauers außer dem Gasthof auch eine Metzgerei betreiben. Die Übernachtung ist Standard, die Wirtsleute herzlich und der Radwanderer fühlt sich immer wohl, insbesondere wenn muf Leberkässemmeln mag. Die sind eine Spezialität, ebenso finde ich der Schweinsbraten. Das Beste ist immer einfach. Ein stilles Highlight, ein leider immer seltener werdender klassischer bayerischer Gasthof mit rundherum Spitzenqualität zu normalen Preisen und Öffnungszeiten gleichsam rund um die Uhr.

Tag 5 Von Sandersdorf auf den Adlersberg (72 km)
Sandersdorf-Oberndorf (49 km)
Von Schlagbauers zum Berghammer in Oberndorf – im niederbayerischen Landkreis Kehlheim - gibt's im Prinzip zwei gesellschaftsfähige Alternativen. Entweder über Tettenwang nach Stausacker zur Donaufähre und so zum sehr beliebten Kloster Weltenburg: Danach entweder mit dem Schiff durch den Donaudurchbruch vorbei an der Befreiuungshalle nach Kelheim oder über den Radweg nach Saal und von da aus weiter. Oder auf dem Schambachradweg...nach Riedenburg, (Brauereien Schwan, Krieger) und dann entlang des Main-Donau-Kanals über Essing (Brauerei Schneider) und Kelheim (Brauereien Schneider und Frischeisen) nach Oberndorf zur **Brauerei Berghammer.** Das ist der Hammer schlechthin, gutes Bier, Helles und Kupfer, Essen (Schweinebraten gut) und ein Biergarten links der Strasse nach Regensburg unter Bäumen. Sehr entspannt, einfach und wie sagt muf: chillig, ein Platz zum Verweilen, direkt an der Donau. Muf mag gar nicht mehr weg, ein Highlight ohne Frage, und seit Jahren kommen wir gerne her...und trinken und essen uns regelmäßig hier fest...

Oberndorf-Adlersberg (23 km)
Der Rest ist schnell erzählt. Fahren Sie entlang des Donau-Radwegs Richtung Regensburg in der Oberpfalz. Sie sind richtig, wenn Sie ca. 1 km hinter der Unterfahrung der A3, kurz rechts hoch, und dann scharf links über die Eisenbahnbrücke auf die andere Donauseite fahren. Dann rechts abbiegen, bei Maria Ort über die Naab und dann vorbei am Gasthaus Krieger nach Kneiting und dann links entlang der Strasse nach Reifenthal hoch (nicht der Beschilderung des Radweges folgen...nicht gut). Oben erreichen Sie den vielbesuchten Adlersberg, eine alte Klosteranlage mit schönem Blick auf Regensburg, ein kultiger Biergarten ist **Prössl-Bräu** mit viel Platz, Zwickel, Hellem, Dunklem und Standard-übernachtung. Ein weiteres Highlight der Tour und des Tages, die Regensburger sind für ihre Brauereien und Biergärten schlichtweg zu beneiden.

Tag 6 Entlang des Main-Donau-Kanals nach Beilngries (ca. 70 km)
Adlersberg- Riedenburg (38 km)
Vom Adlersberg auf tw. schlechten Wegen durch den Wald abwärts nach Etterzhausen, und dann beginnt der vielleicht unangenehmste Teil der ganzen Radtour. Entlang der B8 auf einem schmalen quasi Bürgersteig aufwärts gehts nach Nittendorf, kein vergnügungsteuerpflichtiges Teilstück, das zum Glück nur wenig mehr als 1 km dauert.

Nach Flutwelle in `24: Sandsäcke an der Donau   Viel schöner: Prössl-Bräu auf Adlersberg

Hier links in den Ort Nittendorf und linksrumrechtsrum bis nach Deuerling und links weg nach Painten. Die Strasse steigt – auf rund 12 km - sanft an. Oben raus ein wenig mehr, aber nie steil. Von Painten folgen Sie der Nebenstrasse nach Prunn (8 km). Am Ende fällt die Strecke massiv steil ins Altmühltal ab, mit Serpentinen, gute Bremsen sind gefordert, meine glühen. Unten angekommen, rechts weg und nach wenigen km erreichen Sie funky and touristic Riedenburg, drei Burgen, zwei Brauereien, **Riemhofer** (Schwan) und **Krieger**. Aber Obacht, Mo./Di. sind die zu, der Kriegerbiergarten auf der rechten Seite sogar Mo-Do. Eine sichere Alternative ist deshalb der große und gemütliche Fuchsgarten mit Selbstbedienung, direkt hinter der Brücke über den MD-Kanal rechts, jeden Tag ab 10.00, Bier der Augustinerbräu und vom Kloster Weltenburg.

Riedenburg im Altmühltal   Morgendunst am See bei Beilngries   Meet the Flintstones

Riedenburg-Beilngries (32 km)
Von Riedenburg fahren wir immer brav entlang des Radwegs über Dietfurt (Tour 29) und Tögging bis nach Beilngries am Zusammenfluss von Altmühl und dem MD-Kanal; ein weiteres touristisches Zentrum mit entsprechendem Auflauf an Radfahrer:innen und gehobenen Preisen. Einkehren können Sie vielseitig, klassisch im Fuchsbräu oder dem Schattenhofer Bräu; viel empfohlen wird auch wegen des Essens das Milipp. Al-

ternative Unterkünfte für Radfahrer finden sich ca. 10 km weiter in Kinding, empfehlenswert z.B. die Krone oder das Gasthaus zum Krebs.

Tag 7 Von Beilngries durchs Altmühltal auf den Wettelsheimer Keller und nach Weissenburg (je nach dem...mind. 88km)

Beilngries- Eichstätt (47 km)
Der Weg ist weit von Beilngries bis nach Weissenburg. Dazu beginnen Sie Ihre Radtour möglichst in aller Herrgottsfrühe auf dem Atmühlradweg (AMTR), der sehr schön über Kinding, Kipfenberg und Walting in die oberbayerische barocke Bischofstadt reicht. Nicht unverdient, im Gegenteil voll verdient, ist dieser Teil des Altmühlradweges so beliebt. In der Ostenstrasse kurz vor dem Innenstadttor liegt rechts der **Braugasthof Trompete**, d.h. das Outlet der **Hofmühl**-Brauerei. Das Helle schmeckt.

Eichstätt – Wettelsheimer Keller per Rad übern Berg (31 km)
Ab hier gibts Alternativen, lets say mind. drei. Wer es weiterhin sehr schön durch das Altmühltal mag und auch kein Thema mit vielen km und später Ankunft am Zielort hat, ja, dem sei angeraten, einfach auf dem AMTR zu bleiben. Sie kommen über Dollnstein, Solnhofen und Pappenheim nach Treuchtlingen. Da den Berg rauf Richtung Wettelsheim, **Brauerei Strauß**, residiert links der Strasse auf der Höhe der gleichnamige Keller, ein Kleinod. Essen vielfältig, Sicht durchs Altmühltal bis nach Weissenburg...und ein Bier zum Niederknien. Alles gut. Wer diesen Weg wählt hat im Sommer alle Trümpfe auf seiner Seite. Der Keller öffnet Mo-Mi allerdings erst um 16.00, ab Do dann ab 11.00. So dass an diesen Tagen auch die Alternativen greifen. Da wäre zum einen die Bahn ab Eichstätt oder ab Eichstätt über den Berg, die ganzen Altmühlschleifen umgehen über Bieswang, bis nach Zimmern/Pappenheim radeln. Der Aufstieg ist jedoch steil, der Abstieg auch, mehr so Sport, Tour de France like.

Wettelsheimer-Keller – Weissenburg (ca. 10 km)
Wie auch immer, vom Keller abwärts nach Wettelsheim selbst (auch Gasthof Goldenes Lamm) und auf dem Radweg, der eine Nebenstrasse ist (alternativ über Graben), kommen Sie nach ca. 10 km in die alte pittoreske Fachwerk-/Römerstadt. Es bestehen zahlreiche Einkehr- und Übernachtungsmöglichkeiten. Zurück in Franken habe ich mich für den Schwarzen Bär am Marktplatz entschieden. Warum? Seitdem in Weissenburg leider nicht mehr die Brauerei Sigwart braut, und auch wohl nicht mehr Schneider, Zur Kanne, gibt es etwas Neues. Der Bär – Übernachtung Standard - führt das Bier der neuen **Brauerei Pröls** (Tour29), vom Fass läuft ein sehr süffiges Rotbier, Nürnberger Art, phantastisch, und ein Weizen. ProBieren Sie es aus, Ihr Nürnberger und Frankenfreunde: Weissenburg ist eine Radreise wert.

Tag 8 Von Weissenburg nach Gräfenberg in der Fränkischen (98 km)
Weissenburg-Roth (34 km) und Roth -Behringersdorf (36 km)
Noch so eine Königsetappe – durch das Nürnberger Land - mit dickem Ende, die längste...Vom Schwarzen Bären auswärts geht die Fahrt über Ellingen und Georgensgmünd durch das Tal der Rezat zunächst nach Roth. Und nach kleiner Pause auf dem Marktplatz radelt muf hinter Meckenlohe tw. entlang des MDK als da sind Wendelstein, Feucht und Fischbach bis nach Schwaig, überquert die Pegnitz und kommt dann zum Hotel mit Biergarten „Weisses Ross" (Biere vom Tucher). Wem das zu weit, und sagen wir wie es ist, zu viel Kiefern im Reichswald und Orte rund um Nürnbergs Schlafsatelliten mit linksrumrechtsrum ist, dem sei angeraten in Weissenburg wie ich in die Bahn zu steigen und bis Roth oder Schwabach abzukürzen. Landschaftlich verpasst muf nicht so viel. Es sind dann nur knapp 70 km insgesamt, bei großer Hitze mit Berg am Ende reicht das durchaus...

Behringersdorf-Neunhof (14 km)
Jedenfalls nach Stärkung mit kalten Hellen rechts auf den Radweg nach Lauf, am Stadteingang links abbiegen, Radwegbeschilderung Richtung Neunhof folgen. Es geht erst auf den letzten 3 km richtig hoch. Oben über Neunhof fällt die Strasse etwas in den Ort ab. Links liegt die **Wiethaler Brauerei**, rechts der zugehörige Gasthof. Großes Haus mit Tradition und schönem Gastgarten links. Zu essen gibt's ab 11.30 Allerlei, zu trinken vom Fass Helles, Dunkles, Weizen, Goldstoff und in 2024 ein Jubiläumsbier mit Namen 1498. Empfehlenswert das Helle und Goldstoff. Die Brauerei liegt nicht an den Hauptrouten der Fränkischen Schweiz, was schade ist. Fahren Sie mal hin, es lohnt.

Neunhof- Gräfenberg (14 km)
Und noch mal die gleiche Distanz bis zum Ziel in Oberfranken. Hinter Neunhof rollt muf weitestgehend bis in die unübersichtliche Gemeinde Eckental. Von da der Beschilde-rung folgen über Igensdorf und Weissennohe. Hinter dem Bahnhof Gräfenberg (auch Brauerei Friedmann) kommt der steile Anstieg in die Stadt, am Ende des Tages wirklich schweißtreibend. Links Am Bach residiert der **Lindenbräu** und das Elend des Aufstiegs ist vergessen. Bei Familie Brehmer-Stockum (Tour 26) kann muf sich sofort zuhause fühlen. Zu trinken das gewohnte hervorragende Vollbier, seit einiger Zeit gibt's eine größere Auswahl, u.a. auch ein leichtes Schankbier mit halbem Alkohol, nicht verkehrt. Essen ist fränkisch, empfehlenswert das Schäufele. Die Übernachtung, 2024, kostet mit Frühstück 60,-€ in Standardzimmern. Alles fein, ein Klassiker der Fränkischen.

Tag 9 Aisch, Aisch Baby (70 km)
Gräfenberg-Erlangen (23 km)
Vom Lindenbraeu abwärts rollen Sie zunächst auf der gleichen Strecke bis Frohnhof und dann der Beschilderung folgend über Kleinsendelbach, Dormitz und Uttenreuthbis ins mittelfränkische Erlangen. Im Stadtteil Burgberg in der Strasse Auf den Kellern – am

Erlanger Kellerberg - gibt's abhängig von den Öffnungszeiten einige Einkehrmöglichkeiten, empfehlenswert etwa das **Entlas Bräu** mit Hellem.

Neues Rotbier aus Weissenburg: Pröls, Gasthof Wiethaler/Neunhof, Hopfenfeld vor Gräfenberg

Erlangen-Kasdorf (9 km)
Nicht weit vom Kellerberg entfernt liegt Kasdorf, das Sie über Alterlangen und Büchenbach erreichen. Am Deckersweiher liegt das Restaurant „Die Fischerei", die sich

vor einigen Jahren selbst um eine Brauerei, den **Hofbräu Oberle** mit zahlreichen Biersorten, ergänzt hat. Im Biergarten im Innenhof mundet das helle Hofbier, und das Rotbier. Wenn das Gasthaus zu hat, können Sie für kleineres Geld am Eingang auf einen Bierautomaten mit den 3 oder 4 gängigsten Sorten zugreifen.

Kasdorf-Uehlfeld (23 km)
Nachdem muf in Kasdorf die A3 überquert hat führt die Fahrt durch das Karpfenland im erweiterten Aischgrund über Uehlfeld Untermembach, Oberlindach, Rohensaas und Gottesgab bis nach Voggendorf zum Keller der **Brauerei Prechtel**. Wenn der noch nicht geöffnet hat – unter der Woche erst ab 17.00, Fr. und Sa. Ab 15.00, So. früher - findet sich die Brauereigaststätte an der Hauptstrasse in Uehlfeld (auch Brauerei Zwanzger; vgl. auch Tour 14). Als Standard zu trinken gibt es Hopfenstoff, ein helles Lager, auf dem Keller ein Bier mit Namen Schnapperla.

Das Helle aus Neunhof

Uehlfeld -Neustadt a.d. Aisch (15 km)
Über Gerhardshofen und Pahres (Brauerei Hofmann) radelt muf schließlich durch den Aischgrund tw auf dem Aischtalradweg über den Vorort Diespeck dann nach Neustadt. Hinter dem Gelände des Franken-Brunnens liegt rechts unten die „**Kohlenmühle**". Das ist eine liebevoll renovierte Mühle, ein weitläufiges, geschäftiges und gut besuchtes Ensemble aus Biergärten, Restaurant und Hotel. Die Zimmer sind de luxe, zu Essen gibt's Fränkisches und zum Trinken ein „Eisweizen", ein Dunkles und als

Ohne Frage, eine erhabene Pflanze

Standard das helle Lagerbier mit Namen „Moggerla".

Tag 10 Von Neustadt a.d. Aisch nach Ochsenfurt (55 km)
Dem letzten Radvormittag ist die Rückkehr nach Ochsenfurt (auch **Kauzen Bräu**; vgl. Tour 28) in Unterfranken vorbehalten. Dazu über Diespeck auf den Radweg vom Main zur Aisch fahren und dann geht es über Markt Bibart und Hellmitzheim bis nach Marktbreit zurück an den Main. Von da sind es nur noch ca. 8 km bis Ochsenfurt. In der Altstadt mit schattigem Biergarten im Innenhof liegt der Gasthof Zum Anker. Hier können Sie mit gutbürgerlicher Schnitzelküche essen und Biere der **Brauerei Oechsner** probieren, empfehlenswert das Weizen.

Zurück am Main in Marktbreit   Biergarten des Gasthofs Zum Anker in Ochsenfurt

Ein schöner Ausklang für eine rundherum tolle Tour auf 737 km (mit Bahn rund 680 km) durch „ganz" Bayern.

Die Vorstufe zum Paradies. Gott mit dir, du Land der Bayern.

III. Wandertouren

1. „Ein Klassiker", die Walberla-Tour: Egloffsteinerhüll-
Hetzelsdorf-Leutenbach-auf das Walberla-Dietzhof-Egloffsteinerhüll
Sie können z.B. am Gasthof Polster in Egloffsteinerhüll starten, über Hundshaupten nach Hetzelsdorf zur Brauerei **Penning-Zeißler** wandern. Von dort über den Holzerberg nach Leutenbach zur Brauerei **Drummer** (Mittagspause). Dann von dort aufs Walberla und Richtung über den Rödenstein nach Dietzhof zur Brauerei **Alt** absteigen (da unklar ob geöffnet: Drummer, Leutenbach. Von dort über die St.Moritz-Kapelle aufwärts über Seidmar zurück nach Egloffsteinerhüll. Dauer mit Pausen ca. 7 Std., ca. 15 km. Wanderkarte: Kompass, Wander und Bikekarte 171: Fränkische Schweiz.

2. Die **„Genussreiche":** Egloffstein-Unterzaunsbach-Hetzelsdorf-
Thuisbrunn-Egloffstein
Vom Gasthof Post in Egloffstein starten, entlang der Trubach über Mostviel nach Unterzaunsbach zur Brauerei **Meister**. Dann rauf über den „Brand" nach Hetzelsdorf zur Brauerei **Penning-Zeißler**. Gut erholt wiederum aufwärts über Hundshaupten, und vorbei an den Ausläufern des Tierparks nach Egloffsteinerhüll und weiter vorbei am „Hoher Berg" nach Thuisbrunn zum **Elchbräu**. Abschließend zurück durch das Todsfeldtal nach Egloffstein, auch: Cafe Mühle. Dauer mit Pausen. Ca. 6 Std, ca. 17 km Strecke. Wanderkarte Kompass, Wander und Bikekarte 171: Fränkische Schweiz.

3. **„Der schönste Biergarten"** der fränkischen Schweiz inklusive:
Behringersmühle-Köttweinsdorf-Rabenstein-Oberailsfeld- Behr.smühle
Vom Wanderparkplatz in Behringersmühle über den Schweigelberg nach Köttweinsdorf zum **Maihof**. Von dort über Eichenbirkig (auch der beliebte ökologische Landgasthof „Schönhof") zur Burg Rabenstein. Dann runter ins Ailsbachtal und nach Oberailsfeld zur Brauerei **Held**. Zurück über Unterailsfeld, Kohlstein und Tüchersfeld im Püttlachtal nach Behringersmühle. Dauer mit Pausen ca. 6 Std. Strecke geschätzt ca. 15 km. Wanderkarte: Kompass, Wander und Bikekarte 171: Fränkische Schweiz.

4. Die **„Bekannteste":** Der Brauereienrekordweg: (Breitenlesau)-Heckenhof-
Aufsess-Sachsendorf-Hochstahl-(Breitenlesau). Vgl.auch Radtour 12.
http://www.bierland-
oberfranken.de/download/brauereiwanderungen/Brauereiwanderung_5.pdf

5.   **Die „Neue"**: Fünf Seidla Steig: Weissenohe-Gräfenberg-Thuisbrunn-Hohenschwärz-Gräfenberg-Weissenohe:
http://www.fraenkische-schweiz.com/uploads/dateien/pdf/wandern/Fuenf-Seidla-Steig.pdf

6.   **Der Bierquellenwanderung** um die Rotmainquelle mit Brauereien in Lindenhardt, Leups, Büchenbach (und Weiglathal): http://www.bierquellenwanderweg.de

7. Die Heftigste: Von Loffeld auf den Staffelberg geht es steil bergauf. Gute Fernsicht ins Maintal um Bad Staffelstein, Einkehr am Biergarten an der Kirche in der Staffel-bergklause und im **Staffelbergbräu** in Loffeld (oder in Stublang, **Brauereien Dinkel** und **Hennemann;** Ützing, **Metzgerbräu**), wenige, aber dafür heftige 4 km rauf und runter, Kompass Wandern/Rad 165, Nördliche Fränkische Schweiz.

E. Zum Schluß

Das war es. 30 Touren mit dem Rad durch Franken (und Bayern). Und natürlich sei an dieser Stelle betont, dass ich an Ihren Reisen und Erfahrungen interessiert bin. Bitte berichten Sie mir, wenn sie in Ihren Wegen rund um Bamberg, Bayreuth, Würzburg, Nürnberg und Erlangen oder in der angrenzenden Fremde wie der Oberpfalz, Schwa-ben, Nieder- oder Oberbayern unterwegs sind – von Ihren Touren mit dem Rad und Ih-ren „Einkehrschwüngen" in den Hausbrauereien Frankens und Bayerns. (wieland.achenbach@yahoo.com)

Wohin der Weg Sie führen mag...

Belohnen Sie sich selbst...machen Sie mit, und tragen Sie Ihren Teil zur Rettung dieser einmaligen Kulturlandschaft bei. Und entdecken Sie neue Wege sowie alte und neue Kleinbrauereien.

F.   152 Brauereien to ride before you (or they) die…

I.   Adressen der Brauereien und Brauereigasthöfe
(alphabetisch nach Orten)

Legende: B = Biergarten, **Fettdruck** = Ortsteil, K = Keller, T. = Tournr., erstmalige Erwähnung, besuchte Brauereigasthöfe; RT = Ruhetag, Ü = Übernachtung; <> = ehemalige Brauerei; Zapfenwirte regionaler Brauereien; oder lassen z.b. nach eigenem Rezept woanders brauen

Wenn nicht anders ausgewiesen, sind die Daten von 2024; in jedem Fall vorher anrufen, zahlreiche Öffnungszeiten haben sich jüngst geändert; deshalb als Service - soweit vorhanden- die websites. Einen sehr guten Überblick vermittelt Böttner/Raupach: Bierland Franken, Bamberg 2024

1.   Prößl-Bräu, Dominikanerinnenstraße 2-3, 93186 Pettendorf-**Adlersberg**, Tel.09404/1822, RT Mo, sonst ab 8.00 geöffn.; www.adlersberg.com, T.29,30

2.   Brauerei und Gasthaus Rittmayer, Tel. 09195/7222, Aischer Hauptstraße 5, 91325 Adelsdorf- **Aisch**, RT Mo, sonst ab 9.00 geöffn., B; http://www.rittmayer-aisch.de, T. 12

3.   Brauerei Herrmann, Brückenstr. 3, 96138 Burgebrach-**Ampferbach**, Tel. 09546/372, RT Di; Mo/Do ganztägig geöffnet, K; ab 16.00, https://www.brauerei-herrmann.com, T.1

4.   <Brauerei Mazour-Fößel, Baunacher Straße 28, 96169 Appendorf, Tel. 01515/8587499, RT Sa-Do, Fr. ab 16.00 geöffn., B; www.brauerei-zum-vaelta.de, T.18>

5.   Aufsesser Brauerei, Im Tal 70, 91347 Aufseß, Tel. 09198/92920, RT Di, Ü, B; www.brauereigasthof-rothenbach.de, T.4

6.   Wittelsbacher Turmbräu, Wittelsbacher Turm 1, 97688 Bad Kissingen-**Arnshausen,** Tel. 0971/785 88 20; RT Mo/Di, andere Tage ab 11.30; www.wittelsbacher-turm.de, T.25

7.   Brauhaus Döbler, Kornmarkt 6; 91438 Bad Windsheim; Tel. 09841/2002, RT Di/So; B; www.brauhaus-doebler.de, T.28

8.   Kommunbrauhaus, Eisweiherweg, 91438 Bad Windsheim, Tel.09841/66800; Wirtshaus am Kommunbrauhaus, im Sommer kein RT, B; www.freilandmuseum.de, T.28

9.   Ambräusianum, Tel. 0951/5090262, Dominikanerstrasse 10, 96049 Bamberg, RT Montag, B; www.ambraeusianum.de, T.1

10.   Brauerei Keesmann, Tel. 0951/9819810, Wunderburg 5, 96050 Bamberg, RT Sonntag, B; http://www.keesmann-braeu.de, T.1, 26

11.   Mahrs Bräu, Wunderburg 10, 96050 Bamberg, Tel. 0951/9151715, kein RT, B, www.mahrs.de, T.26

12. Klosterbräu Bamberg, Obere Mühlbrücke 3, 96049 Bamberg, Tel. 0951/52265, RT Mo/Di, Sa/So ganztags geöffnet, B, www.klosterbraeu.de, T.1

13. Brauerei Schlenkerla, Tel.0951/56060, Dominikanerstrasse 6, 96049 Bamberg, kein RT; www.schlenkerla.de, T.1

14. <Brauerei> heute Gasthof Sippel, Burgstraße 20, 96149 Baunach, Tel. 09544/2488, RT Mi, Ü, B; www.wirtshausfreunde.de/wirtshaeuser/5475-brauerei-gasthof-sippel-baunach.html, T.22>

15. Becher Bräu, Tel.0921/68993, St. Nikolausstrasse 25, 95445 Bayreuth, Kein RT, Do-So ab 10.00, Mo-Mi ab 14.00, B; http://www.becherbraeu.de, T. 21

16. Glenk Bräu Bayreuth, Eichelweg 10, 95445 Bayreuth, Tel. 0921/15137316, Biergarten ohne RT; http://www.glenkgarten.de, T.21

17. Brauerei-Gasthof Eller, Brunnenstr. 10, 96253 Untersiemau-**Birkach am Forst**, Tel. 09565/1033, RT Mi, B; www.nordbayern.de/essen-trinken/gastro-guide/brauerei-gasthof-eller-inhaber-christian-eller-1.3502263, T.11

18. Klosterbrauerei Kreuzberg/Rhön, Kreuzberg 2, 97653 Bischofsheim, Tel. 09772/91240, Kein RT, ab 11.00, B, Ü, www.kloster-kreuzberg.de, T.25

19. Brauerei & Gasthof zur Sonne, Regnitzstrasse 2, 96120 Bischberg, Tel. 0951/62571, RT Mo, sonst ab 9.00 geöffn., www.sonnenbier.de, T. 1

20. Konrad Krug Brauerei, **Breitenlesau** 1b, 91344 Waischenfeld, Tel. 09202/835, Zimmer -535, RT Mo/Di, sonst ab 9.00 geöffn., Ü, B; www.krug-braeu.de, T.23,26

21. Brauerei Gasthof Schwan, Tel.09546/306, Hauptstraße 16, 96138 Burgebrach, RT Di, Ü, K; www.schwanawirt.de, T.2

22. Löwenbräu Buttenheim, Marktstr. 8, 96155 Buttenheim, Tel. 09545/332, RT Mo/Di, Ü, K; www.loewenbraeu-buttenheim.de, T.26

23. St. Georgenbräu Buttenheim, Marktstr.12, 96155 Buttenheim, Tel. 09545/4460, RT So (Brauerei), Ü im Gästehaus Schubert, K Öffn.zeiten: ab Mo-Fr ab 14.00; Sa/So ab 11.00; www.georgenbraeu.de, T.26

24. Debringer Bier, Würzburger Str. 1, 96135 Stegaurach-**Debring**, Tel. 0951/29191, RT Mo/Mi, Sa/So ab 11.00 geöffnet, sonst ab 16.30, www.debringer-bier.de

25. Brauerei Hauf, Brauereigaststätte Zum Wilden Mann, Wörnitzstr.1, 91550 Dinkelsbühl, Tel. 09851/552525, RT Mi, B; www.hauf-bier.de, T.5,30

26. Weib`s Brauhaus, Tel.09851/579490, Untere Schmiedgasse 13, 91550 Dinkelsbühl; RT Di, B; Ü; www.weibsbrauhaus.de, T.5, 30

27. Distelhäuser Brauerei; Grünsfelder Straße 3, 97941 Tauberbischofsheim-**Distelhausen**; 09341/805-821, RT Mo, ab 12.00 geöffn., B; www.distelhaeuser-brauhaus.de, T.27

28. Brauerei und Gasthof Göller, Scheßlitzer Straße 7, 96117 Memmelsdorf- **Drosendorf,** Tel. 09505/1745, RT Mo/Di, B; www.goeller-brauerei.de, T.19

29. Brauerei Först, Tel. 09545/8583, **Drügendorf** 26, 91330 Eggolsheim, RT Sa-Di, Mi-Fr. ab 16.00; www.brauerei-foerst.de

30. Ebensfelder Brauhaus, Tel. 09573/5771, Hauptstraße 46, 96250 Ebensfeld, RT Do/So, http://www.ebensfelder-brauhaus.de, Engelhardt`s Keller: RT Mo, Di-Sa ab 16.00, S. ab 11.00 geöffn., http://www.engelhardts-keller.de; T.22

31. Schwanenbräu, Tel. 09194/209, Am Marktplatz 2, 91320 Ebermannstadt, kein RT, Mo-Do ab 17.00, Fr/Sa ab 9.00, So bis 15.00, B, Ü, K; www.schwanenbraeu.de, T. 8,23

32. Brauerei Schwanen-Bräu, Marktplatz 11, 96179 Rattelsdorf-**Ebing**, Tel. 09547/481, RT Do, Mo/Di/Mi ab 17.00, Fr-So ab 9.00, B; www.schwanenbräu-ebing.de, T 13, 22, 23,26

33. Brauerei Heldrich; Tel.09665/91490, Sulzbacherstr.5, 92265 Edelsfeld, RT Di, B, Ü; www.bier.by, T.29

34. Braugasthof Trompete, Hofmühl, Ostenstraße 3, 85072 Eichstätt, Tel. 08421/9817, kein RT, ab 7.30 geöffn., www.braugasthof-trompete.de, T.30

35. Entlas Bräu, An den Kellern 5-7, 91054 Erlangen, Tel. 09131/22100, RT Mo, sonst ab 11.00 geöffn., K, www.entlaskeller.de, T.30

36. Hofbräu Oberle, Am Deckersweiher 24, 91056 Erlangen, Tel. 09131/45556, RT Mo-Mi, sonst ab 11.30 geöffn., www.fischerei-oberle.de, T.30

37. Schloßbrauerei Stelzer, Hauptstr.3, 95145 Oberkotzau-**Fattigau**, Tel. 09286/6260, RT So, Gasthof: www.landgasthof-braukeller-fattigau.de, T.20

38. Freudenecker Fischer Bräu, **Freudeneck** 2, 96179 Rattelsdorf, Tel. 09547/488, RT Mo/Di, B; www.hahnerla.de, T. 13

39. Forstquell-Brauerei, **Fürnheim** 35, 91717 Wassertrüdingen, Tel.09832/9657, RT Mo/Di, Fr-So ab 11.00, sonst ab 16.00, B, Ü; www.forstquell.de, T. 5, 16,30

40. Brauerei Gasthof Griess, Magdalenenstraße 6, 96129 Strullendorf-**Geisfeld**, Tel. 09505/1624, RT Di/Mi, Mo/Do/Fr ab 15.00, Sa/So ab 10.00, B, K; www.brauerei-griess.de

41. Brauerei Friedmann, Bayreuther Straße 14, 91322 Gräfenberg, Tel. 09192/992318, RT Di/Mi; sonst ab 11.00 geöffn., www.brauerei-friedmann.de

42. Lindenbräu, Am Bach 3, 91322 Gräfenberg, Tel. 09192/348, RT So/Mo, Ü, B; www.lindenbraeu.de, T.24,30

43. Brauerei Kaiser, **Grasmannsdorf** 9, 96138 Burgebrach, Tel. 09546/390, RT Mo/Mi, B; www.brauerei-kaiser.de, T.2,26

44. Brauerei Rittmayer, Kreuzberg 3, und Gasthaus Rittmayer, Trailsdorferstr.4, 91352 Hallerndorf; Tel. 09545/509214; RT Mo, B, K; www.rittmayer.de, T.23

45. Brauerei Lieberth, , Forchheimer Str.2, 91352 Hallerndorf, Tel. 09545/8558, Gaststätte, RT Sa-Do, Keller im Dorf, RT Mo, sonst ab 15.30 geöffn, So. ab 10.00, Keller am Kreuzberg, RT So-Mi, www.bier.by, T.23

46. Brauerei Ulrich Martin, Tel. 09727/403011, Hausener Hauptstr.5, 97453 Schonungen-**Hausen**; RT Di, B.; www.brauerei-martin.de

47. Kathi Bräu Heckenhof, **Heckenhof** 1, 91347 Aufseß, Tel. 09198/277, kein RT, B; www.kathibraeu.de, T.23

48. Brauerei Scharpf, Hauptstrasse 16, 96145 Sesslach-**Heilgersdorf**, Tel. 09569/1232, RT Di, sonst ab 16.00/17.00 geöffn.; www.scharpf-heilgersdorf.de

49. Gasthaus Brauerei Aichinger, Marktplatz 5, 91332 Heiligenstadt, Tel. 09198/522, RT Di, sonst ab 9.00 geöffn., B; www.bier.by, T.8,29

50. <Brauerei Fritz Barnikel, Tel. 09502/293, Dorfstraße 5, 96158 Frensdorf-**Herrnsdorf**, RT Mi/Do, sonst ab 11.00 geöffn., B; www.brauerei-barnikel.de>

51. Brauerei Penning-Zeißler, Tel. 09194/252, **Hetzelsdorf** 9, 91362 Pretzfeld, RT Mo/Di, Mi-Fr. ab 16.00, Sa/So ab 11.00 geöffn, B; www.bier.by, T. 9

52. Brauerei-Gasthof Kraus, Luitpoldstraße 11, 96114 Hirschaid, Tel. 09543/84440, RT Di, Ü, B; www.brauerei-kraus.de, T.2, 22

53. Meinel-Bräu, Absolviagasse 1, 95028 Hof, Tel 09281/3514, RT So, sonst ab 8.00 geöffn., B, www-meinelbraeu.de, T.20

54. Brauerei Endres, Zum goldenen Adler, Höfen 21, 96179 Rattelsdorf, Tel. 09547/264, RT Di/Sa,sonst ab 15.00 und am So ab 11.00 geöffn., www.bierland-franken.de/gasthoefe/brauerei-gasthof-zum-goldenen-adler, T. 13

55. Brauereigasthof Hofmann, **Hohenschwärz** 16, 91322 Gräfenberg, Tel. 09192/251, RT Mo/Di/Do, sonst ab 10.00 geöffn., B; www.brauerei-hofmann.de, T.24

56. Gasthausbrauerei Homburger Bräuscheuere, Zeller Tor 6, 97855 Homburg a.M.; Tel. 09395/876882, RT alle (unklar), B, Ü; www.braeuscheuere.de

57. Brauerei Grasser, **Huppendorf** 25, 96167 Königsfeld, Tel. 09207/270, RT Mo/Di, jeden 2. So nur bis 15.00; Ü, B; https://huppendorfer-bier.de, T.3,4,6,26

58. Griesmüllers Altstadtbrauerei, Schulstraße 19, 85049 Ingolstadt, 0841/99476896, RT Mo, sonst ab 16.00, So ab 10.00 geöffn., www.griesmueller.de, T.30

59. Wirtshaus und Brauerei zum Goldenen Löwen (oder Zum Bürstenbinder), Alte Regensburgerstr.18, 93183 Kallmünz, Tel.01512/3357186, RT Mo/Di, sonst ab 18.00 geöffn, So. ab 11.00; B, Ü; www.zum-goldenenloewen.de, T.29

60. Brauerei Schleicher, Wirtsgasse 4, 96274 Itzgrund-**Kaltenbrunn**, Tel. 09533/980933, kein RT Mo-Do, Fr.-So. ab 17.00 geöffn., B; www.brauerei-schleicher.de

61. Magnus-Bräu, Gasthof Grüner Baum, Bamberger Str. 1, Kasendorf, B, Ü, RT Mi/Do, Mo/Di/Fr. ab 16.00, Sa/So ab 14.00; www.gruenerbaum-kasendorf.de, T.21

62. Wagner-Bräu, Hauptstraße 15, 96164 Kemmern, Tel. 09544/6746, RT Di/So, sonst ab 15.00 geöffn., B, http://www.brauerei-wagner.de; Keller: RT Mo, sonst ab 16.00; https://wagnerkeller.de, T.22,23

63. Brauerei Hoh, Köttensdorf 4, 96110 Scheßlitz-**Köttensdorf**, Tel.09542/627, RT Di/MI, ab 15.30, B, https://www.bierland-franken.de/biergaerten/brauerei-hoh-inh-johannes-seeber, T.3

64. Spessart-Brauerei, Junkergasse 2, 97892 Kreuzwertheim, Tel. 09342/85700, keine Gaststätte; www.spessart-specht.de, T.17,27

65. Kulmbacher Kommunbräu, Am Grünwehr 17, 95326 Kulmbach, Tel. 09221/84490, RT Mo, sonst ab 11.00 geöffn., www.kommunbraeu.de, T. 21

66. Brauerei Gasthof Drummer, Tel. 09199/403, Dorfstraße 10, 91359 Leutenbach, RT Mo-Do, Ü, B; www.brauerei-gasthof-drummer.de, T.9, 23

67. Staffelberg- Bräu, Tel. 09573/5925, Mühlteich 4, 96231 Bad Staffelstein-**Loffeld**, RT Mo/Fr, sonst ab 11.00, (Ü), B; www.staffelberg-braeu.de, T.6,22

68. Brauereigaststätte Hölzlein, Tel. 09505/357, Ellertalstraße 13, 96123 Litzendorf-**Lohndorf**, RT Di/Mi, sonst ab 16.00, Sa/So ab 15.00 geöffn., B; http://www.brauerei-hoelzlein.de

69. Martinsbräu, d.h. Bräustüble, Mitteltorstr. 1, 97828 Marktheidenfeld, Tel. 09391/1224, RT Do, sonst von 11:00 Uhr – 14:00 Uhr und ab 17:00 geöffn., https://braeu-stueble.de; außerdem B: https://martinsbraeu.de/biergarten, T. 17

70. Brauerei Hartleb, Herrenstrasse 9, 96126 Maroldsweisach, Tel. 09532/240, RT Mi, sonst ab 16.00 geöffn., So ab 11.00, Ü, B; www.natuerlich-von-hier.de/index.php/brauerei-hartleb

71. Bräustüble, d. Martinsbräu Marktheidenfeld, Mitteltorstr.1, 97828 Marktheidenfeld; Tel. 09391/1224, RT Do, B; www.martinsbraeu.de, T.17

72. Brandholz Brauerei, Otterbachstraße 13, 96123 Litzendorf-**Melkendorf**, RT Mo-So., auch keine Gastro, www.brandholz-brauerei.de, T.10

73. Brauerei Hummel, Lindenstraße 9; 96117 Memmelsdorf-Merkendorf, Tel.09542/1247, RT Di, sonst ab 9.00 geöffn., www.brauerei-hummel.de, T.26

74. Brauerei Wagner, Pointstr.1, 96117 Memmelsdorf-**Merkendorf**, Tel. 09542/620, RT Mo/Di, sonst ab 10.00 geöffn., B; www.wagner-merkendorf.de, T.26

75. Gasthausbrauerei „Zum Gründla", Am Gründlein 5 - 95326 Kulmbach- **Metzdorf**, Tel. 09221/823884, B, Ü, RT Mo/Di, Mi/Do. 11.00-14.00 und ab 16.30, Fr/Sa ab 16.30, So. ab 11.00-14.00 und ab 16.30; www.zum-gruendla.de, T. 21

76. Brauhaus Faust, Hauptstrasse 99, 63897 Miltenberg, Tel. 09371/989948, Gasthaus Riesen RT Di/Mi, www.riesen-miltenberg.de; www.faust.de

77. Mühlenbräu Mühlendorf, Brückenstrasse 19, 96135 Stegaurach-**Mühlendorf**, Tel. 0951/29119, K, Ü, RT Di/So, geöffnet ab 16.00, https://www.bierland-franken.de/biergaerten/alte-muehle-muehlenbraeu, T. 1, 2

78. Brauerei Loscher, Steigerwaldstrasse 21-23, 91481 Münchsteinach, Tel. 09166/607, RT Sa/So, Getränkemart Mo-Fr, www.brauerei-loscher.de, T. 14

79. Sonnenbräu Mürsbach, Zaugendorfer Straße 4, 96179 Mürsbach, Tel. 09533/981017, RT Mo/Di, B; www.sonnen-braeu.de, T.13

80. Brauerei Reblitz, Am Mahlberg 1, 96231 Bad Staffelstein-**Nedensdorf**, Tel. 09573/96500, RT Mo, Ü, B; www.brauerei-reblitz.de, T.11, 22

81. Brauerei Wiethaler, Welserplatz 6, 91207 Lauf a.d. Pegnitz-Neunhof, RTMo/Di, sonsz´t ab 11.30 geöffn., B, www.gasthof-wiethaler.de, T.30

82. Neuwirt, Julius Bräu, Färberstraße 88, 86633 Neuburg a.d. Donau,Tel. 08431/2078, RT Di, sonst ab 17.00 geöffn., So. auch ab 11.00-14.00, www.neuwirt-neuburg.de, T.30

83. Brauereigasthof zum Löwenbräu, Tel. 09195/7221, Neuhauser Hauptstrasse 3, 91325 Adelsdorf-**Neuhaus**, RT So, sonst ab 16.00 geöffn., Ü, B, K; www.zum-loewenbraeu.de, T. 12

84. Kaiser Bräu, Oberer Markt 1, Neuhaus a.d. Pegnitz, Tel.09156/8850, kein Gasthaus; www.kaiser-braeu.de, T.29

85. Hausbrauerei-Gasthof-Kohlenmühle, Tel. 09161/6622777, Bambergerstr.53, 91413 Neu-stadt a.d. Aisch; RT Mo, B, Ü; www.kohlenmuehle.de, T.28,30

86. Brauerei Schanzenbräu, Tel.0911/93776790, Adam-Klein-Str.27, 90429 Nürnberg-Gostenhof; RT Mo, sonst ab 15.00 geöffn, Sa/So ab 11.00, B; www.schanzenbraeu.de, T.29

87. Held Bräu, **Oberailsfeld** 19, 95491 Ahorntal, Tel. 09242/295, RT Mi/Do, B; www.held-braeu.de, T.24

88. Pax-Bräu, Rathgeberstr. 7, 97656 Oberelsbach, Tel. 09774/7439003, keine Gastro, RT So, www.pax.braeu.de, T.25

89. Brauerei Wagner, Bamberger Strasse 26, 96173 Oberhaid, Tel. 09503/229, kein RT, Mo-Sa. Ab 14.00, So bis 14.00 geöffn., „Hannla"-Keller ab 14.30; www.brauerei-wagner-oberhaid.de, T.22

90. Brauerei Gasthof Ott, **Oberleinleiter** 6, 91332 Heiligenstadt, Tel. 09198/271, RT Mo-Do, B; www.brauerei-ott.de, T. 8,29

91. Brauerei Berghammer, Donaustraße 55, 93077 Bad Abbach-**Oberndorf**, Tel.09405/ 962176, RT Mo/Di, sonst ab 11.00 geöffn.; www. brauerei-berghammer.de, T.30

92. Brauereigasthof Geyer, Tel. 09104/2802, Hauptstrasse 18, 91097 Oberreichenbach, Keller kein RT, ab 16.00, So ab 12.00, Ü, K, B; www.brauereigasthof-geyer.de, T.7, 14,29

93. Kauzen Bräu, Hauptstr.37, 97199 Ochsenfurt; Tel.09331/2237, kein RT, B, Ü; www.kauzen.de, T.27,30

94. Privatbrauerei Oechsner, Gasthof zum Anker, Brückenstr.10, 97199 Ochsenfurt, Tel.09331/7409, RT Mo, B, Ü; www.oechsner.de, T.27,30

95. Brauerei Hufeisen, Hauptstrasse 38, 91278 Pottenstein, Tel. 09243/260, RT alle (unklar), B; http://www.brauerei-hufeisen.de

96. Brauerei Mager, Hauptstrasse 15, 91278 Pottenstein, , Tel. 09243/333, RT Mo/Di, Nov.-Ostern + RT Sa, Ü, B; www.brauerei-mager.de, T.24

97. Nikl-Bräu, Egloffsteinerstr.19, 91362 Pretzfeld; Tel.09194/725025, RT Gasthaus derzeit Mo-So, aber **Pretzfelder Keller**, RT Mo-Mi u.Fr., Do/Sa/So ab 11.00; www.brauerei-nikl.de, T.9

98. Brauerei Schrüfer, Hauptstrasse 31, 96170 Priesendorf, Tel. 09549/317, RT Mi/Do, sonst ab 15.00, So ganztägig geöffn., B; www.bierstrasse-franken.de/brauerei/brauerei-schruefer-priesendorf, T.22

99. Brauerei Gasthof Schroll, Hauptstraße 38, 96182 Reckendorf, Tel. 09544/20338, RT Do, zwei Bänke vor der Tür…; www.bier.by, T.26

100. Brauerei Riemhofer, Gasthof Schwan, Am Marktplatz 5, 93339 Riedenburg, Tel. 09442/1272, RT Mo/Di, sonst ab 11.00 geöffn., B, Ü, www.schwan-riedenburg.de, T.30

101. Riedenburger Brauhaus, Brauerei Krieger, Hammerweg 5, 93339 Riedenburg, B, RT`24 unklar, www.riedenburger.de, T.30

102. Landwehr-Bräu, Reichelshofen 31, 91628 Steinsfeld, Tel.09865/9890, kein RT, ab 7.00, B, Ü, www.landwehr-braeu.com, T.30

103. Brauerei Müller, Keller (im Wald): Am Bahnhof 13, 96158 Reundorf, Tel 09502/608, RT Di, K; http://www.schmausenkeller.de, T.22

104. Brauerei Sauer Roßdorf, Tel. 09543/1578, Sutte 5, 96129 Roßdorf am Forst, RT Mo, sonst ab 11.00 geöffn., B, K; www.brauerei-sauer.de, T.22

105. Turmbräu, Rödergasse 1, 91541 Rothenburg o.d.Tauber, Tel.09861/94280, wechselnder RT, ab 18.00 geöffn., www.markusturm.de, T.28

106. <Bayer Bräu, Tel. 09393 408, Hauptstr. 77 97851 Rothenfels, RT Di, B,> www.main-spessart.msp.info/Bayer_Braeustueble/7917/startseite/Rothenfels

107. Brauerei Sauer, Hauptstrasse 45, 91341 Röttenbach, Tel. 09195/9218172, RT Mo/Di, B,; https://hopfenhaus.de, T.12

108. Brauerei Stadter, Hauptstraße 26, 91347 Sachsendorf, Tel. 09274/8193, RT Mo/Di, B; http://www.braulehrer.de, T.4,23,26

109. de Bassus Schloßbrauerei, Nürnberger Str. 13, 93336 Altmannstein, Tel. 09446/902930, RT, nur Mo/Do ab 9.00 geöffn., www.schlossbrauereisandersdorf.de, T.30

110. Brauerei Knoblach, Kremmelsdorferstr.1, 96129 Litzendorf-**Schammelsdorf**; Tel.09505/267, RT So/Mo, B; www.brauerei-knoblach.de, T.3

111. Brauerei Will, Haus Nr.19, 96187 Stadelhofen-**Schederndorf,** Tel 09504/262, RT Mo/Di, (Ü, FW), B; http://www.schederndorf.de, T.4, 6

112. Brauerei Drei Kronen, Hauptstrasse 39, 96110 Scheßlitz, Tel. 09542/1564, RT Do-Sa, sonst ab 17.00 geöffn., T.22

113. Brauereigaststätte Witzgall, Tel.09545/7452, Schlammersdorferstr.17, 91352 Hallerndorf-**Schlammersdorf,** RT Di/Do/So, sonst ab 9.00 geöffn., K, www.bierland-franken.de/gasthoefe/brauerei-gaststaette-witzgall, T.12

114. Brauhaus am Kreuzberg, Kreuzberg 1, 91352 Hallerndorf-**Schnaid,** Tel.09545/4736; K: RT Mo-Mi, www.brauhaus-am-kreuzberg.de, T. 23

115. <Brauerei Wernsdörfer, Tel. 09546/389, Obere Bachgasse 5, 96185 Schönbrunn, RT Dienstag + Mittwoch, Mo.+Do ab 16.00, Fr-So ab 9.30, Ü, B; http://www.brauerei-wernsdoerfer.de, T.1>

116. Klein`s Brauhaus, Bahnhofstraße 5, 63500 Seligenstadt, Tel. 06182 829729; RT Mo, Di-Sa ab 16.00, So ab 11.00, B, www.kleines-brauhaus-seligenstadt.de, T.15

117. Gasthaus Reinwand, Maximiliansplatz 99, 96145 Sesslach, Tel. 09569/304, RT Di/Mi, B, Ü im Motel „Fränkische Landherberge"; www.gasthof-reinwand.de, T.11, 26

118. Zum Roten Ochsen, Flenderstrasse 95, 96145 Sesslach, Tel. 09569/1220, RT Mo/Mi; So nur 11.00-14.00 geöffnet, B, Ü; www.roter-ochse-sesslach.de, T.11, 26

119. Hübner Bräu, **Steinfeld** 69, 96187 Stadelhofen, Tel.09207/259, RT Mo/Do, B; https://huebner-braeu.de, T.4,23

120. Adler-Bräu, Tel. 09522/369, Hauptstraße 19, 96188 Stettfeld, RT Di/Sa, B; www.adlerbraeu-stettfeld.de

121. Brauerei Gasthof Roppelt, **Stiebarlimbach** 9, 91352 Hallerndorf, Tel. 09195/7263, RT Mi/Do/So, K: RT So; www.bierkeller-franken.de/bierkeller-roppelt/, Fr-Di ab 11.00, Mi/Do ab 14.00 geöffn.; http://www.brauerei-roppelt.de, T.12

122. Brauerei Gasthof Hennemann, Am Dorfbrunnen 13, 96231 Stublang, Tel. 09573/96100, RT Mo/Di, Ü, B; http://www.brauerei-hennemann.de, T.6

123. Brauerei Dinkel, Frauendorfer Straße 18, 96231 Stublang, Tel. 09573/6424, RT Mi/Do, sonst ab 10.00, Ü, B; www.dinkel-stublang.de, T.6

124. Elch-Bräu, Tel. 09197/221, **Thuisbrunn** 11, 91322 Gräfenberg, RT Mo/Mi/Do,, Di/Fr/Sa/So ab 10.00, B; www.gasthof-seitz.de, T. 9,24

125. Brauerei Hönig Gasthof zur Post, Ellernbergstraße 15, 96123 Litzendorf-**Tiefenellern**, Tel. 09505/391, RT D, B; www.brauerei-hoenig.de, T.3,19

126. Brauerei Gutmann, AmKreuzberg 4, 85135 Titting; Tel.08423/985650, RT Di/Mi; B; www.brauerei–gutmann.de, T.29

127. Brauerei Roppelt, An der Steige 2, 97514 Oberaurach-Trossenfurt, RT Di/Do, sonst: Gasthof ab 9.00, Keller nm, www.brauereiroppelt.de

128. Brauerei Prechtel, Hauptstrasse 24, 91486 Uehlfeld, Tel.09163/228, RT Mo/Di, B, Voggendorfer Keller: Mo-Do ab 17.00, Fr/Sa ab 15.00, So ab 11.00 geöffn.; www.brauerei-prechtel.de, T. 14,28,30

129. Brauerei Zwanzger, Burghaslacher Straße 10, 91486 Uehlfeld, Tel. 09163/959756, RT Mo, Ü, B; www.brauerei-gasthof-zwanzger.de, T. 14,28,30

130. Brauerei Büttner, **Untergreuth** 8, 96158 Frensdorf-Untergreuth, RT Mo-Do, Fr-So ab 15.00 geöffn., Tel. 09502/342, B; www.brauerei-buettner.de, T.22

131. Brauerei Martin, Viehtriebsweg 3, 96250 Ebensfeld-**Unterneuses**, Tel.09573/4382, RT Mi/So, B, Ü; www.bier.by

132. Schwannenbräu, Markgrafenstrasse 8, 91743 Unterschwanningen, Tel. 09836/337, RT Mo/Di, Mi/Do ab 17.00, Fr-So ab 11.00, www.schwannenbräu.de, T.16

133. Brauerei-Gasthof Georg Meister, **Unterzaunsbach** 8, 91362 Pretzfeld, Tel. 09194/9126, nur ein Kühlschrank; RT So, www.meisterbräu.de

134. Brauerei-Gasthof Mainlust Bayer, Tel. 09503/7444, Hauptstr. 9, 96191 Viereth-Trunstadt, RT Do/Fr, Ü, B; www.mainlust.com, T. 1,19

135. Brauerei Trunk Alte Klosterbrauerei, **Vierzehnheiligen** 3, 96231 Bad Staffelstein, Tel. 09571/3488, RT Mo/Di, B; www.brauerei-trunk.de, T.6

136. Brauerei Heckel, Tel. 09202/493, Vorstadt 3, 91344 Waischenfeld, RT Mo/Do, sonst ab 16.30, Sa ab 9.30, So ab 10.00, https://www.bierland-franken.de/brauereien/brauerei-heckel, T.23

137. Brauerei Hübner, Hauptstr.28, 96196 Wattendorf, Tel. 09504/207, RT Mo-Mi, sonst ab 16.00, So. ab 11.00, B; http://brauerei-huebner.de, T.23

138. Brauerei Gaststätte Dremel, Hauptstr.21, 96196 Wattendorf, Tel. 09504/271, RT Mo-Do, Fr/Sa 16.30, So.11.00-14.00, T.6,23

139. Sägerbräu, **Weidenloh** 35, 91278 Pottenstein, Tel. 09243/9181, RT MO, www.saeger-golf.de, T.29

140. Brauerei Gasthof Pfister, Eggerbachstraße 22, 91330 Eggolsheim-**Weigelshofen**, Tel. 09545/94260, RT Di, Mo/Mi/Do ab 17.00, Fr-So ab 11.00 Ü, B; www.pfister-weigelshofen.de, T.8

141. Brauerei Gasthof Kundmüller, **Weiher** 13, 96191 Viereth-Trunstadt, Tel. 095903/4338, RT Mi, Ü, B; www.brauerei-kundmueller.de, T.1,18,23,26

142. Brauerei Pröls im Gasthof Schwarzer Bär, Marktplatz 13, 91781 Weißenburg, Tel. 09141/92426, RT Mo, sonst ab 11.45 geöffn., www.derschwarzebaer.de, T.29,30

143. Klosterbrauerei Weissenohe, Klosterstraße 20, 91367 Weissenohe, Tel. 09192/6357, RT Mo-Fr, Ü, B; www.das-wirtshaus-klosterbrauerei-weissenohe.de, T.30

144. Klosterbrauerei **Weltenburg**, Asamstr.32, 93309 Kelheim, Tel. 09441/67570, kein RT, B, Ü; www.weltenburger.de, T.29

145. <Wernecker Bierbrauerei, Schönbornstr.2, 97440 Werneck; Tel.09722/91080, RT So/Mo, B, Ü; www.wernecker-bier.de, T.28>

146. Brauerei Strauß, Treuchtlinger Strasse 26, 91757 Wettelsheim, Tel. 09142/7740, RT Mo-Mi, Keller abweichend im Sommer geöffnet, www.wettelsheimer-keller.de, T.16,30

147. Brauerei Gasthof Hellmuth, Tel. 09573/4395, **Wiesen** 14, 96231 Bad Staffelstein, RT Mo-Mi, nm ab 16.00; Sa/So ab 11.00, (Ü, FW), B; www.gasthaus-hellmuth.de, T.13

148. Brauerei Gaststätte Thomann, Tel. 09573/5296, Altmainstr. 5, 96231 Bad Staffelstein-**Wiesen**, RT Fr/Sa/So, sonst ab 16.00 geöffn., Ü, B; www.gasthaus-thomann.de, T. 13

149. Brauerei Fischer, Hauptstr.18, 91632 Wieseth, Tel.09822/7411, RT Di/So, unter der Woche nur bis 13.00; www.fischer-landbraeu.de, T.5

150. Würzburger Hofbräukeller, Tel.0931/42970, Höchbergerstr.28, 97082 Würzburg, RT Di/Mi, B; www.wuerzburger-hofbraeu.de, T.27

151. Brauhaus Würzburg – Goldene Gans, Tel.0931/43159, Burkaderstr.2-4, 97082 Würzburg, RT Di, So, B ohne RT; ansonsten Gasthaus erst ab 19.00; www.goldene-gans-wuerzburg.de, T.27

152. Brauerei Göller, Zur Alten Freyung, Speiersgasse 21, 97475 Zeil am Main; Tel.09524/9554, RT Di, sonst ab 9.30 geöffn. B; www.brauerei-goeller.de, T.18,28

II. Adressen der weiteren Gasthöfe, Biergärten und Keller

Gasthaus „zur Ludwigshöhe"- Adlitzer Biergarten, 91080 Adlitz 1, Tel.09131/5292, RT Do, geöffnet Fr-Mi ab 11.00, www.adlitzer-biergarten.de, T.7

Egloffsteiner Hof, Egloffsteiner Ring 2, 96146 Altendorf, Tel. 09545/313, RT Mo/Di, Sa ab 16.30, sonst ab 11.00 geöffn., www.egloffsteiner-hof.de, T.26

Max-Keller, Ampferbach, RT Mo/Mi/Do, Di/Fr/Sa ab 16.00, So ab 17.00, https://www.max-bier.de, T.1

Brauereigaststätte Schlappeseppel, Schloßgasse 28, 63739 Aschaffenburg, Tel. 06021/25531, Kein RT ab 10.00, www.schlappeseppel-ab.de, T.15

Schattenhofer Bräu, Hauptstraße 44, 92339 Beilngries, Tel. 08461/64130, B, Ü, kein RT ab 11.30 geöffn., www.schattenhofer-beingries.de, T.30

Berggasthof Roth, Kreuzberg 10, 97653 Bischofsheim in der Rhön, Tel. 09772/1245; B, Ü, RT Mi/Do, www.berggasthof-roth.de

Pension und Gasthof Herrgottstal, Herrgottstal 13, 97993 Creglingen, Tel.07933/518, www.gaestehaus-herrgottstal.de, T.30

Gasthaus Holdermühle, Holdermühle, 97993 Creglingen, Tel. 07933/7002470, RT Mo-Do, www.gasthaus-holdermuehle.de, T.30
Landgasthof & Pension Alte Mühle, Zur Mühle 6, 95119 Naila-**Culmitz**, Tel. 09282/6361, www.muehle-culmitz.de, T.20

Gasthof zur Post, Niedermeier, Hauptstr. 25, 92345 Dietfurt, Tel. 08464/321 www.zur-post-dietfurt.de, T.29

Rosenkeller, Linden 51, 91466 Gerhardshofen, Tel. 09163/8317, RT Mo, www.bierland-franken.de/biergaerten/rosenkeller-linden, T.14

Senftenberger Keller, Zum Senftenberg, 96155 Buttenheim-**Gunzendorf**, Tel. 09545/70693, RT MO-Fr, Do/Sa/So ab 14.00, https://senftenberger-felsenkeller.de, T.10

Gaststätte Radlertreff, Hauptstraße 14, 91468 Gutenstetten, Tel. 09161/61164, RT Mo-Mi, www.radlertreff-gutenstetten.de, T.14

Hotel Heiligenstadter Hof, Marktplatz 9 91332 Heiligenstadt Fränkische Schweiz Tel. 09198/781, kein RT ab 11.30, B, Ü, www.hotel-heiligenstadter-hof.de, T.29

Zeckerner Keller, Bergstr. 2, Kellerstraße 14, 91334 Hemhofen, Tel. 09195/4440, RT Di/Mi/Sa, https://zeckernerbierkeller.jimdofree.com, T.12

Gasthof Stirnweiß, **Herreth** Nr.10, 96274 Bad Staffelstein, Tel. 09573/7919, kein RT, öffn. ab 17.00, B; www.brauerei-stirnweiss.de/html/gastwirtschaft.html

Gasthaus zu den drei Linden, Buchenbühlerstraße 2, 90562 Kalchreuth, Tel. 0911/5188479, B, RT Mo/Di, www.gasthausdreilinden.de, T.7

Gutshof Andres, Pettstadt 1, 96166 Kirchlauter, Tel. 09536/221, B, Ü, RT So/Mo, Di-Do ab 17.30, Fr/Sa ab 12.00; https://gutshof-andres.de, T.18

Laufer Keller, 91325 Adelsdorf- **Lauf**, Tel. 0162/6221866, RT Mo-Mi, T.12

Pöhlmann`sche Gastwirtschaft (zur realen Schankgerechtigkeit), An d. Tanzlinde 4, 95349 Thurnau-**Limmersdorf**, Tel. 09228/97061, RT Di/Do, Mo. Ab 18.00, sonst ab 17.00, So 10.00-12.00 und ab 14.00 geöffn., www.thurnau.de/gastgewerbe/poehlmannsche-gastwirtschaft-2, T.21

Gasthof & Hotel Krieger, Heerbergstraße 3 93186 Pettendorf-**Mariaort**, Tel.: 0941/81080, kein RT ab 11.00, www.gasthof-krieger.de, T.29

Gasthof Goldener Adler, Mürsbach, RT Mo-Mi, Do/Fr. ab 16.00, Sa. ab 15.00, So ab 10.00; www.goldener-adler.info, T.11,13,26

Elke`s Bierstadl im Kettensteig, Maxplatz 35 90403 Nürnberg, Tel. 0911/23585808, www.elkes-bierstadl.de

Gasthof Gumbrecht, **Obermembach** 2, 91093 Heßdorf, Tel. 09135 3140, RT Mo/Di, sonst ab 11.00, https://www.facebook.com/AlexVladuleacu, T.7

Gasthaus zum Brui, **Obermögersheim** 138, 91717 Wassertrüdingen, Tel. 09836/623, RT Mi/Do, www.gasthauszumbrui.de, T. 16

Gasthof Müller, Kloster-Banz-Straße 4, 96215 Lichtenfels-**Reundorf,** Tel. 09571/95780, RT Mi/Do, http://www.gasthofmueller.de, T.6, 11

Fuchsgarten, An d. Altmühl 18, 93339 Riedenburg, Tel. 015560/298094, RT So/Mi/Fr, sonst ab 11.30 geöffn., www.fuchsgarten.de, T.30

Gasthof zur Sonne, Marienplatz 10, 93336 Altmannstein-**Sandersdorf**, Tel. 09446/1236, kein RT, B, www.altmannstein.de/gastronomie/gasthof_zur_sonne-480

Bähr Keller, Steinsdorfer Straße, 96185 Schönbrunn im Steigerwald, 09546/379, RT Mo + Di; So. ab 10.00, Mi-Sa. ab 16.00; https://www.bierland-franken.de/biergaerten/baehr-keller

Hotel- Restaurant Weisses Roß, Schwaiger Str. 2, 90571 Schwaig bei Nürnberg, Tel.0911/5069880, RT Mo, sonst ab 11.00/30 geöffn., www.weissesross.de, T.30

Gasthof zum Löwen, Brendstraße 67, 97653 Bischofsheim in der Rhön-**Unterweissenbrunn**, Tel. 09772/352; RT Mo/Di, www.gast-zum-löwen.de, T.25

Gasthof Stöttnerbräu, Donaustraße 9, 85088 Vohburg a.d. Donau, Tel. 08457/1219, kein RT Mo/Di ab 17.00, sonst ab 11.309 geöffn., www.sb-vohburg.de, T.30

Gasthof zum Goldenen Lamm, Marktstraße 16, 91757 Treuchtlingen-**Wettelsheim**, Tel. 09142/96890, Kein RT, ab 11.30 geöffn., www.goldeneslamm-wettelsheim.de, T.30

III.   Verwendete und zur weiteren Lektüre empfohlene Literatur

Achenbach, W./Steimle, V.: Radwanderführer für Bierliebhaber II, Bayern, Deutschland und zu Besuch bei den Nachbarn, 2. Aufl., Norderstedt 2020

Albrecht, G./Prinz v. Bayern, L.: Ohne Bayern kein Bier – ohne Bier kein Bayern, München 2016

Böttner, B./Raupach, M.: Bierland Franken, www.guidemedia.de, print-Version Bamberg 2024

Droschke, M./Krines, N.: 111 Fränkische Biere, die man getrunken haben muss, o.O. 2018

Faber, A./Gunzelmann, T./Gürtler, F./Schmid, S./Wald, V.: 50 historische Wirtshäuser in Oberfranken, Regensburg 2015

Gattinger, K. (Hrsg.): Genuss mit Geschichte, Reisen zu byarischen Denkmälern - Brauhäuser, Bierkeller, Hopfen und Malz, München 2016

Höllhuber, D./Kaul, W.: Fränkische Schweiz – Ein Wanderführer für Biertrinker, 5. Aufl., Nürnberg 1993

Köhler, A.: Rennradtouren durch Franken: Mit dem Rennrad ab Erlangen durch Steigerwald, die fränkische Schweiz und Mittelfranken, o.O. 2011

Landratsamt Bamberg: Radfahren in und um Bamberg, Broschüre; hrsg. Von Bamberg Tourismus & Kongress, 7. Aufl. 2021

Private Braugasthöfe 2024/2025, pdf, www.braugasthoefe.de

IV. Karten

ADFC- Regionalkarte, Altmühltal, Ingolstadt
Bikeline, Liebliches Taubertal, 5. Aufl., 2007
Fritsch, Wanderkarte 50, Oberes Maintal, Coburger Land
Kompass Fahrradkarte 3070 Rhön - Fulda
Kompass, Fahrradkarte 3073, Würzburg, Maindreieck, o.O., o.J., **www.kompass.at**
Kompass, Fahrradkarte 3082, Bamberg, Haßberge, Steigerwald,
Kompass, Fahrradkarte 3096, Fränkische Schweiz, Kulmbach, Bayreuth
Kompass, Fahrradkarte 3098, Würzburg, Frankenhöhe, Rothenburg o.d.T.
Kompass, Fahrradkarte 3099, Hersbruck, Amberg, Neumarkt i.d. Oberpfalz, Weiden
Kompass, Fahrradkarte 3100, Nürnberg und Umgebung
Kompass, Fahrradkarte 3104, Regensburg und Umgebung
Kompass, Wander- und Radkarte 165, Nördliche Fränkische Schweiz
Kompass, Wander- und Radkarte 167, Nördlicher Steigerwald, Bamberg
Kompass, Wander- und Radkarte 171, Fränkische Schweiz
Landesamt für Vermessung und Geoinfo, Bayern, UK50-9 Naturpark Steigerwald, südlicher Teil
Landesamt für Vermessung UK50-24 Naturpark Altmühltal, mittlerer Teil
Openstreetmap – Deutschland: Die freie Wiki-Weltkarte: www.openstreetmap.de

V. Einige Links

Brauereien in Deutschland, Überblick nach Bundesländern: http://www.deutschlands-brauereien.de/brauereien.php

www.bier-universum.de

www.brauer-bund.de

Brauereikultureller Wanderverein:
http://www.bwf-net.de/bwf/index2.htm

Braufranken, alles, wirklich so gut wie alles über Fränkische Brauereien:
https://www.braufranken.de/html/brauoberfranken.html#bs007...und Stillegungen von Braue-reien: https://www.braufranken.de/html/brauschluss.html

Der „schönste Biergarten" der Fränkischen...Maihof in Köttweinsdorf: http://www.mai-hof.de

e-bike Touren in der Fränkischen Schweiz: info@fraenkische-schweiz.com

Fünf Seidla-Steig: https://www.fuenf-seidla-steig.de/brauereien-und-gasthaeuser

Pettstadt, Regnitz-Fähre, https://www.regnitzradweg.de/poi/faehre_pettstadt-34692